中日古村落发展
与文化研究

郭　娜◎著

吉林大学出版社

·长春·

图书在版编目（CIP）数据

中日古村落发展与文化研究 / 郭娜著. -- 长春：
吉林大学出版社, 2021.12
ISBN 978-7-5692-9754-6

Ⅰ.①中… Ⅱ.①郭… Ⅲ.①村落文化—对比研究—
中国、日本 Ⅳ.①K928.5②K931.35

中国版本图书馆CIP数据核字(2021)第250193号

书　　名	中日古村落发展与文化研究
	ZHONG-RI GUCUNLUO FAZHAN YU WENHUA YANJIU
作　　者	郭　娜　著
策划编辑	安　萌
责任编辑	蔡玉奎
责任校对	付晶淼
装帧设计	乐　乐
出版发行	吉林大学出版社
社　　址	长春市人民大街4059号
邮政编码	130021
发行电话	0431-89580028/29/21
网　　址	http://www.jlup.com.cn
电子邮箱	jdcbs@jlu.edu.cn
印　　刷	天津和萱印刷有限公司
开　　本	787mm×1092mm　1/16
印　　张	12.5
字　　数	160千字
版　　次	2022年5月　第1版
印　　次	2022年5月　第1次
书　　号	ISBN 978-7-5692-9754-6
定　　价	72.00元

古村落由原始人类种族开始群居而得以出现。古村落作为一种传统聚落类型，反映的是人与自然的和谐相处。古村落的形成与发展就是一部完整的人类发展历史，古村落最能体现其价值的是古民居以及传承下来的本区域内传统文化，是人类发展史上最不可复制的珍贵文化。

本书围绕"中日古村落发展与文化研究"展开论述，在内容编排上共设置八章，第一章是中国古村落概论，内容包括中国古村落的产生与演变、中国古村落的分布与分类、中国古村落文化的界定与思考；第二章通过中国古村落中的民俗节庆、日常仪式、信仰文化空间、社会功能、民族精神五个方面，探讨中国古村落文化仪式与社会功能；第三章研究中国古村落地域文化及传承，内容囊括浙江斯宅古村落文化遗产的开发、张家界古村落文化的历史变迁、徽州古村落的水口文化功能与价值、中国古村落群吴文化的保护与利用、中国古村落文化的传承与活化；第四章探索日本古村落文化，内容涉及日本古村落的演变特征、日本古村落的条里制、日本地方自治与村落共同体、日本村落社会组织及其传统特征；第五章是日本古村落的民俗文化传承，内容涵盖日本古村落的"奇祭"、日本古代的"婿妻问婚"、日本古代的村落与家族、日本古村落民俗传承体的个性；第六章从三个方面——奈良明日香村遗迹、日本古村落的节庆开发、日本古村落文化对日本社会的影响，探索日本古村落地域文化及传承；第七章是对古村落文化景观的识别与保护研究，内容涉及古村落文化景观的基因表达与识别、古村落文化景观的危机、古村落文化景观的识别与保护、古村落文化景观的可持续发展；第八章对中日古村落文化遗产开发进行比较，内容涵盖中日古村落的保护与思考、古村落的遗产旅游开发。

本书体系完整、视野开阔、层次清晰，为读者介绍具有代表性的古村落及其文

化内涵，期望能够给读者了解、欣赏古村落带来助益。

　　笔者在撰写本书的过程中，得到了许多专家、学者的帮助和指导，在此表示诚挚谢意。由于笔者水平有限，加之时间仓促，书中所涉及的内容难免有疏漏之处，希望读者多提宝贵意见，以便笔者进一步修改，使之更加完善。

郭　娜

2021年6月

CONTENTS 目 录

第一章　中国古村落概论

近年来，我国越来越重视对传统文化的保护，中国古村落因其蕴藏的丰富历史信息和人文景观，逐渐受到人们的关注。基于此，本章对中国古村落的产生、演变、分布、分类，及其文化界定进行论述研究。

第一节　中国古村落的产生与演变

古村落是农业文明的历史见证，有着绚丽的风情民俗、悠久的历史文化以及质朴的建筑风貌。古村落是农耕文化的代表，是我国历史发展中不可割舍的血脉空间，体现出了我国古代天人合一的地缘观、宗法礼制思想与哲学观。

古村落建筑思想起源于我国传统的哲学观念，对古村落思想影响最为深远的是道家与儒家思想。儒道的哲学观是促进古村落形成的独有的精神产地，体现在古村落的空间布局、民居建筑以及选址上。在远古时期，古人创造出八卦说、五行说和阴阳说，演变成有关世界万物与宇宙的三种思维模式，之后汇入儒道思想，产生阴阳八卦、阴阳五行思想，变成建设古村落的关键精神思想。

我国古村落民居建筑的各方面都体现出阴阳相生、宗法礼制、天人合一等建筑思想，如北京四合院的空间组合与组成，表现出阴阳相生的理念。四合院的房屋空间排列依照横轴为辅、纵轴为主的交错控制方法，构成阴阳对应。院子在整体形态上同样构成阴阳对应——中间是庭院，四周被房屋包围，内"虚"外"实"。依照"门堂制度"，在纵轴上"门屋—正堂—厢房"的排列也产生阴阳主次关系。整体而言，四合院的整个院落布局是一个完善的八卦空间，即宅大门—垂花门—中院正房—后罩房—倒座房，不但映射出尊卑等级的礼制观念，并且每一级都会产生一个层级的阴阳关系。再如，我国传统民居的开间都是"居中为大"，而且选择阳（单）数，也是受阴阳八卦、阴阳五行思想的影响。

我国古村落建筑受到宗法制度的长时间影响，礼制等级思想与宗法伦理观念体现在古村落的建筑装饰、建筑布局、营造规格与空间构成等方面。血缘家族观念主要表现在古村落的居民聚族而居，如东南沿海的福建，淮河流域的安徽，黄河流域的山西、山东，珠江流域的广东，长江流域的江西、江苏等省份，这些地方的古村落分布皆有聚族而居的特征。

聚族而居的现象在宋朝以后尤为凸显，古村落的关键组织形式变成家族制度，大体可将建筑组合方式分为两种：一种是客家聚居建筑，特点是向心式围合，如闽西土楼、赣南与粤北的围拢屋，皆是"线"（居住用房）、"点"（祠堂）围合，均体现出家族观念中的聚族而居；另一种是"合院群聚落"，特点是单元组合，如浙江省东阳卢宅村，是卢氏累世聚族而居变成的村落，村落主轴线上是礼制性公共建筑，如祖堂、宗祠、门楼等，主轴线西面有六条轴线，主轴线东面有两条轴线，所有的轴线皆有多进院落，一条轴线就是一个家族，一座院落就是一个家庭。

除聚族而居外，宗法制度的另一个表现是礼制，礼制对民居建筑的影响主要体现在文塔、寺庙、宗祠、牌坊、祖堂等，这些都是古村落的主要建筑物。规模偏大的传统村落多数皆有寺庙、宗祠,且多数宗祠皆位于村落的核心方位，建成单独的院落，是家族举办礼制的活动场地，有着崇高地位。

政治地位的标志是牌坊，牌坊不可被寻常百姓建造，人们唯有在科举成功、官到大夫时获得政治资本，才可以在家乡建造牌坊。依照礼制，我国各朝代皆有相对应的宅邸建筑形制与规模要求，如山西的昭穆制，是我国古代

宗法制度，也是区别于尊卑、长幼、亲疏、远近的等级制度。其规制是在建造宗庙时，始祖庙应居中，其余则依照左昭右穆、先左后右的定制交替排列。昭穆制也表现在民居的东尊西卑、左上右下，如西厢房的入口应小于东厢房入口，西厢房的尺度应小于东厢房尺度，西厢房的屋脊应低于东厢房屋脊等。

几千年的中国农耕文化造就出古人的生态环境观。古村落在建造、选址时，一方面从环境的精神审美价值方面出发，思考人们祈福于环境、寄托于环境，给予环境空间极为丰富的人文意义，该人文思想主要体现在天人合一的风水观念上；另一方面从环境的物质功利价值方面出发，思考人们可以从外界环境中取得与之息息相关的物质生活资料。

儒、道关于天人合一的着重点截然不同。道家的天人合一主要强调自然和人的关系，向往与山水的融合、对自然的模拟。如在选择村落时，会选择在阡陌纵横的荷塘溪池，或者是选在临河沿路、小桥曲径、依山傍水、家禽成群处建设，宅前屋后林木成荫；儒家则更为重视民居环境的人伦道德祥和统一，如空间组织结构与建筑平面布局的教化性、集中性、秩序性与群体性，皆是儒家天人合一理念的突出体现。

建造村落的风水观念也体现出当时的生态环境观。风水理论认为人、地、天是统一的整体，把躲避"邪气"、寻找"生气"当作风水活动的主旨，把《老子》中的"万物负阴而抱阳，冲气以为和"当作经典，产生村落选址的多种模式，如江南古村落多数是"枕山、环水、面屏"的风水模式。

自然经济时代、商品经济时代以及市场经济时代是我国乡村社会经历的不同时代。自然经济时代，自给自足的小农经济是乡村经济的主要形态，自然村落是聚落的关键形式，由家族、宗族、氏族等群体产生的"血缘关系"就是社会关系，是古村落最重要、最早的社会关系，现今依旧存在。

商品经济时代，生产方式由单一的农业生产转向农商结合，小农经济封闭、窄小的空间被粉碎，并且出现职业分化与社会分工，居民的经济收入、社会地位逐步出现区别，社会阶层显露出端倪。然而，"亲缘、地缘关系"依旧是该时期社会空间的关键特色。

20世纪90年代至今，我国市场经济向农村地区快速渗入，农村的组织结构与社会空间形式产生较大改变。诸多古村落的旅游业得到长远发展，从而推进古村落居民职业分化，以往的地缘与血缘关系被以利益、职业为枢纽的"业缘关系"所取代。古村落的职业分化逐渐引起社会群体分化，古村落依照职业群体区分，可分为旅游服务从业者、农业生产者、私营企业主、农民工人等，他们在价值观、生活方式、经济收入等方面，皆体现出显著的区别。这些区别会影响人们对古村落居住空间的态度、认知，从而促使古村落形态空间更深入地演变。

第二节　中国古村落的分布与分类

一、中国古村落的主要分布

中国古村落通常拥有上百年历史，其建筑具有浓郁的地方特色。古村落是具有悠久历史文化积淀、极具中国特色、与现代建筑截然不同的传统村落，是现代文化与历史文化相互联系的产物，也是人类文化与自然文化巧妙融合的独特文化载体。中国拥有广阔的土地，不仅地大物博，且拥有几千年的历史，文化底蕴深厚，由此在中国大地上产生了许多风格各异、各具特色的历史传统古村落。这些古村落分布在全国各地，具有以下三个特点：

（1）分布在古代经济文化繁荣地带。中国传统文化讲究"安居乐业"，人们定居时会寻找相对安全稳定的安居环境，考虑居住地的经济条件和文化条件。经济文化发达繁荣的地方可以为居民提供稳定的生活保障，同时发达的交通环境也为居民的生活提供极大便利，由此逐渐形成繁荣的村落。

随着时间的推移，经济中心逐渐转移，交通设施逐渐偏移，原来的村落交通条件慢慢被其他村落赶超，变成偏僻的村落，经济活动以及与外界的交流随之减少，最后不再受外界影响，因而得以保留原来的风貌和地域特色，最后成为今天历史悠久、极具特色的中国古村落。如安徽徽州地区的宏村、西递古村落，江西的流坑古村落等，都是由于地区经济繁荣发展而定居，又由于交通设施的转移，逐渐与外界减少联系，从而保留原始的地域风貌。

（2）地理位置较偏僻的山区。地处偏僻的山区由于交通设施落后，地形封闭，与外界联系较少，处在这些地区的部落很少受到外界环境干扰，一直保留着原有的文化特色、风俗习惯和风土人情等，如位于湖南岳阳的张谷英村落、位于浙江的马塘村等传统古村落，由于地理位置偏僻，一直处于相对封闭的状态，直到近几年开发之后才被外界熟知。

（3）少数民族人民聚居地区。中国幅员辽阔、人口众多，其中有许多少数民族，一些少数民族聚居在地理位置比较偏僻的地方，极少受到外界打扰，因此这些少数民族聚居的村落更容易保留浓厚的民族特色。

二、中国古村落的分类依据

我国地域广、人口多、历史悠久，是世界上比较大的农业大国，相对于其他国家而言，乡镇存在数目较多。我国有将近四万个乡镇，其中不乏百年甚至上千年保存完好的历史悠久的古村落。

（一）依据地域区位与文化传统风貌划分

依据地域区位与文化传统风貌划分，可将我国古村落划分为以下八种类型：

（1）西北古村落群。西北古村落群主体分布在陕西、甘肃一带，这些古村落相对封闭，受当地气候影响，该地区的建筑多为低矮房屋，且房顶多为平顶，少数不是平顶的屋顶坡度也较小。不同于北方村落建筑时使用砖瓦，西北古村落建筑材料多使用泥土制成土坯或土墙，装饰只使用简单的木制窗框和门框，所以西北地区的村落建筑多为窑洞。窑洞的种类也有很多种，包括靠崖凿窑、地坑窑等，这些窑洞极具西北地区地域特色，从中可以感受到浓厚的陕北黄土高原风情。

（2）北方古村落群。在中国北方地区，主要在北京、山西地区，分布着许多古村落，如位于山西的常家大院、王家大院，位于北京地区的灵水村等。这些古村落多从明清时期一直保存至今，极具北方大院建筑特色。在房屋修建材料使用上，多使用砖瓦装饰，搭配木制窗框和门框，给人气势磅礴、恢宏大气的视觉效果，从中既可以感受到北方人民豪放不羁的性格特色，又能感受到设计师对房屋设计的用心。

（3）徽派古村落群。在中国皖南地区，主要在安徽、江西地区，分布着较多古村落，如宏村、西递、婺源等，都是典型的徽派古村落，具有浓厚的地方建筑特色。在房屋修建材料使用上，多使用白墙黛瓦装饰，搭配精致的木雕和壁画，给人自然淳朴、小家碧玉的视觉效果，从中可以感受到当地文化的典雅质朴。徽派古村落中还一直留存徽派商人传统诚信的道德理念，如重视儒家文化。

（4）江南古村落群。江南由于水量充沛、河网密布，素来有江南水乡的美称。江南古村落主要分布在浙江、江苏地区，如乌镇、周庄、同里等，多是从明清时期一直留存下来的。这些地区历史悠久，经济富裕，富商云集，且具有浓厚的文化底蕴。江南古村落由于地形原因，多傍水而居，因此在风格上具有独特的地域特色，给人以朴素恬静、开阔明朗的感觉。江南古村落的规模较小，但内容多彩多姿，一直以来都是中国传统文化中宜居的最佳住所之一。

（5）西南古村落群。在中国四川、重庆等西南地区分布着西南古村落群，如位于四川地区的黄龙溪古镇、洛带古镇，重庆地区的龚滩古镇等。西南地区由于地形封闭，自古以来受到外界影响较少，因此形成了独具特色的巴蜀

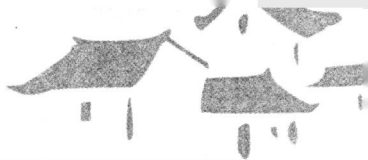

文化。这种浪漫中带有几分神秘感的风格也体现在巴蜀地区的村落中，如黄龙溪古镇一直延续着清朝时期形成的建筑特点，此地建筑多为吊脚楼，建筑间由青石板小路相连，置身其中能够感受到巴蜀地区古老神秘的文化氛围。

（6）湘黔古村落群。在中国湖南、贵州地区分布着湘黔古村落群，如位于湖南地区的凤凰古城、位于贵州地区的青岩镇等。这些古村落群在房屋修建材料使用上多采用木质材料，建筑形式多为吊脚楼。吊脚楼聚集成一个古村落群，各村落群交错分布；吊脚楼上雕刻精美的图案，加上彩绘艺术，从而打造出精妙绝伦的建筑。

（7）岭南古村落群。岭南古村落群主要分布在福建、广东等地，主要代表是永定古村落和赤坎古村落。这些古村落群保留着独特的地域特色，拥有深厚的文化底蕴，建筑多以南、北分布为主，其特色是青砖黛瓦、锅耳山墙构造，墙体较高，门框较窄，符合岭南地区典雅质朴的气质。在岭南古村落中，尤以客家土楼为代表，客家土楼有"东方古城堡"美称，墙体由泥土、石灰、糯米、蛋清混合砌成，在土楼内部用黄木和杉木固定，建筑恢宏大气而又设计精巧，极具地方特色。

（8）南诏古村落群。在中国云南地区分布着南诏古村落群，如著名的旅游胜地丽江古城等。南诏古村落群住着苗族和傣族等少数民族人民，建筑具有浓厚的少数民族特色，且风格多样，既有苗族的吊脚楼，又有傣族的干栏式民居，彝族的"一颗印"式民居建筑也可以在南诏古村落群找到，各式各样的民族特色建筑组成云南地区独具特色的南诏古村落群。

（二）依据建村时间与村落主要建筑群落的遗存年代划分

通过时间概念对中国古村落进行总体划分，可以将其分为原始型、古代型、近代型。分类的主要依据是建村时间与村落主要建筑群落的遗存年代，同时对仍在沿用的古村落现状的细致划分，可以更好地提出保护措施。

1.原始型古村落

原始型古村落指具有极大考古意义的原始社会村落遗址，遗存有大量原始时期建筑遗址。这些遗址的发掘为研究者提供了重要的史实资料，是探寻中国古村落的历史扉页。下面以北庄遗址为例进行介绍。

北庄遗址是距今约6500年的母系原始社会村落遗址，坐落在渤海海峡大黑山岛东北部。北庄遗址的总面积约2.24万平方米，南北宽约180米，东西长约140米。其中已发掘100余座古房屋基址，多以圆角方形半地穴式为主，房屋内部地面用黄土铺设，用白色粉末防潮，无疑将古人的智慧体现得淋漓尽致。

北庄遗址遗物众多，出土了大量陶器、骨器、石器、饰品等文物。其中陶器最多，多为日常生活器皿，如杯、盘、盆、鼎和罐、壶等，与现代生活所用器皿并无区别。此外，骨器和石器大都是生产、狩猎和防御等工具，如骨镖、鹿角镐、骨耙、石斧、石刀、石镰和石纺轮等。除以上生活和生产工具之外，还出土了少量贝壳和束发器等用于装饰的物件。北庄遗址于1996年被国务院公布为第三批全国重点文物保护单位，并在原址兴建博物馆以供海内外学者学术研究和游客观光。

如北庄遗址这样的原始型古村落用它多彩而神秘的历史文化遗存，无声地述说着几千年前的人类文明。这类古村落具有极高的历史考古价值，是当代人们了解古代文明的窗口。

2.古代型古村落

古代型古村落指清朝以前建村的古村落，并遗留大量清朝及其以前的历史建筑群落。这类古村落在中国数量颇多，是中国古村落群的主要组成部分。由于大部分古代古村落仍在继续使用中，所以与原始型古村落相比更具有生机，我们能通过口口相传的民间故事、代代延续的民俗传统，更加深入

和全面地了解古村落，真正体验古村落的传统风貌。同时，根据其保护和使用状况，可以将其分为两种类型：

一类是整体风貌保存较为完好，并仍在使用的古村落。以苏州东山翁巷古村落为例。东山翁巷古村落位于东山政府驻地东北处，北朝太湖，西面与山体相邻，东南面紧邻东山镇。村落建于明朝中期，翁氏先祖翁笾经商致富后于此处购宅，其后人相继居住于此，逐渐形成一条住户皆为翁姓的长街，翁巷由此得名。翁巷的整体风貌保存较为完好，至今仍较好地保留传统建筑和空间，并仍为翁氏后人所用。建筑的年代跨越明清两代，以清代建筑为主，部分为明代建筑。其中，明代凝德堂为国家级文物保护单位，明代瑞霭堂为省级文物保护单位，清代控保建筑有同德堂、务本堂、遵德堂、乐志堂、修德堂和容春堂等。这些建筑产权归属分为公产和私产两种，均纳入建筑保护范围并划定保护区域。这类古村落是活态的古村落，原住居民在此生活和经营，古巷和古街中充满了各种故事，是历史、艺术、生态、经济和情感等多重价值的融合，成为最具保护意义和价值的村落类型之一。

另一类是整体风貌保存较为完好，"空心化"现象严重的古村落。古村落的"空心化"是指村落中原住民的流失，可分为两种情况：对外流失和人口置换流失。前者一般发生在较为落后的地区，因生产和生活的物质需求提高而导致大部分人外出打工或举家搬迁寻求更好的居住环境，最终因自然侵袭而破败，无人修缮打理，成为新的古村落"遗址"。后者则是旅游开发导致的悲哀。由于古村落的原住民与经商者之间的人口大量置换，导致古村落极具商业气息而失去原有的古朴风貌。

以丽江古城为例。始建于宋元初的丽江古城保留有大量优秀的历史文化建筑和保存较好的纳西族文化。1997年，丽江被纳入世界文化遗产名录，成为旅游胜地。巨大经济效益给丽江带来繁华的同时，也对丽江文化造成巨大冲击。如今，外来经商人员占据大部分丽江古城，商业氛围过于浓重，只留下物质文化的空壳。

3.近代型古村落

近代型古村落指清朝以后、民国以前建村的古村落，遗留建筑的年代主要为清朝和民国时期。近代型古村落因建村年代较近，更容易受到经济发展需求和城镇化建设的冲击，从而造成历史肌理的严重破坏。因此，对于这类古村落的保护主要分为两种情况：

一种是经济发达地区的古村落更容易受到经济建设影响。这类村落并没有过多的优秀历史遗存，建筑年龄也较为年轻，遗留的大部分建筑混杂着不同风格的二层或三层建筑，村落肌理已经遭到严重破坏。以苏州为例，地方经济较为富庶，这类古村落严重受到经济建设的冲击，村落传统肌理已经荡然无存。

另一种是地势偏远地区的古村落与外界沟通甚少，不易受到经济发展和城镇化的影响，也是其得以保存下来的重要原因。例如，湘西地区的少数民族村寨建村不足百年，但因为与世隔绝的独特地理环境，保存了原汁原味的乡土气息和民族风情，旅游开发价值很高。

根据不同角度，还可以将古村落划分为不同类型。从地貌特点角度划分，古村落可分为山地型、平原型、山麓型、临水型等；从聚落形态角度划分，古村落可分为团块状、条带状、星状等；从村落生产力发展形态角度划分，古村落可分为农业村落、林业村落、渔业村落、牧业村落等。不同分类标准会对古村落划分形成一个完全不同的分类结果。

以上是从单一角度划分的结果，事实上，古村落是一个政治、经济、文化和环境的有机综合体，其发展受到多种因素影响。因此，一个古村落可能是同时属于以上多种分类的复合体。

第三节　中国古村落文化的界定与思考

一、中国古村落文化的界定

古村落文化是一种特殊的文化资源，从文化自身属性而言，文化包含自然文化和社会文化。古村落自然文化指为古村落居民生产生活提供物质原料的自然资源，如古村落的地势地貌、山水风光等自然遗产。古村落的社会文化指在历史发展过程中，由聚集在古村落的人从事劳动而产生的政治文化、民俗文化和经济文化等方面的成就。

古村落的自然文化和社会文化既有区别又有联系，相互依赖，共同发展。从游客认知层面上看，古村落文化包含物质文化和精神文化两个方面。中国古村落的物质文化指以物质状态存在的文化资源，如文物建筑遗迹等；精神文化则是非物质文化遗产，如文化艺术活动和传统节日等。

（一）中国古村落的物质文化

人类生活聚集的村落在任何时候都离不开物质基础，村庄选址同样离不开外部环境。人类生存所需的水、食物、村落及其周边环境一定要适合人类生存。因此，古村落的选址十分讲究，基本上是依山傍水，独具特色。其中，依山傍水的选址方法不仅被古村落采用，大城市也是如此。

1.自然地理环境

中国古村落物质文化形成的首要条件必定是地理环境，同时聚落的形成也受许多细小环节的影响。

地理条件直接左右村庄的气候，进而左右居民的居住方式。在古代，由于历史的局限性及当时落后的生产力，人们大多选择靠山吃山靠水吃水，选择安居落脚的地点是由自然环境决定的。依山傍水的自然环境，一般更适宜人们居住。

地理环境作用巨大，不仅影响村落的形态，也影响村落的选址。有些村落依山而建，可耕种的田地很少，导致房屋用地与耕种土地紧张。在这种情况下，人们只好把房子建在山坡上。依山而建的村落大多存在于我国四川省、广西壮族自治区；依水而建的村落大多存在于我国浙江省沿海一带水系，江浙一带的土地被各类呈蜘蛛网状的水系分割得支离破碎，导致村落依水而建的方式十分普遍，如部分跨水、全跨水等形式的建筑物应运而生。这样的地理条件使南方民居成为水乡民居，村庄内的出行主要依靠船只。

另一个影响村庄的重要因素是气候。冬季气候寒冷是我国北方大多数省份的特点，人类选择一种呈"品"字形结构的房屋进行御寒。为了御寒，北方地区的房屋墙体要比南方厚，房屋高度要比南方矮，在这种情形下，许多经典的北方村落应运而生，如北京四合院。南方省份大多数受亚热带气候条件影响，尤其是广西壮族自治区，气候潮湿闷热，当地蛇虫鼠蚁较多，人类又创造性地开发出干栏式建筑，用于应对大自然的恶劣环境。

2.村落公共空间

中国古村落物质文化的一个重要组成是公共空间，公共空间是群众开展喜闻乐见活动的场所，也是见证当地群众喜怒哀乐的场所，它见证了古村落萌生发展的整个过程。公共空间的重要性还体现在孕育该地区村落文化风俗上。村落公共空间从日常习惯角度分类，可分成四种：一是街巷空间；二是门户空间；三是神仪空间；四是休闲空间。

（1）街巷空间。在两汉时期，"街"的意思是都邑中的主干道；"巷"的意思是居民区内的行人通道。大唐盛世时期，"街"指城市里的道路；

"巷"指连接街的道路。宋代，坊墙从城市布局里撤除，为了南北朝向的建筑物的建设，创新采用了街巷空间制度，时至今日，街巷空间也是主要的城市格局。

街巷空间之所以重要，是因为这是群众生活缓冲、调剂的地带区域，同时成为村落支架，对外成为与外界沟通的桥梁，对内成为村民的聚集地。根据古村落街巷的形式，可以把村落空间格局分为如下形式：

第一，网格式格局。平原地区的村落通常采用网格式格局，村域较大，村里布局呈"田"字，一格一格，很有规律。

第二，放射型格局。放射型格局以点带面，中间是圆点，往四周发散。放射型格局具有一个很鲜明的特点，即人群高度集中且防御外敌能力强，在我国江西省存在这种类型的村落，从高处俯瞰，是一个大圆形围屋。

第三，轴线型格局。轴线型格局一般是条形状，村落的主要建筑物以"一"字形排开，次要建筑物排在主建筑物后面，主次建筑物以支路连接。

第四，自由型格局。自由型格局的村落多建于丘陵、山区，根据当地山脉水系走向布局。由于布局较为自由松散，此类村落不拘一格。

第五，其他格局。因为经纬度横跨较大，地域内的文化特色和地理环境应有尽有，所以村落的形态也是百花齐放，还有一些特殊的格局，是由其特殊的文化和自然环境形成的。独具匠心的村落类型还有许多，如山西省段村的"卍"字形街道格局、浙江省八卦村街道格局等。

（2）门户空间。村口是村庄与外界沟通的桥梁，是村庄内极为重要的活动空间，所以很多村庄都注重村口形象。因为村口的主要作用是与外界交流，所以村口空间是开放式的建设。古时，一个村最繁荣、最热闹的地方往往是村口，所以村口多作为码头或商业街，各类型活动都是在村口举行。

（3）神仪空间。儒家文化是华夏民族的重要文化之一，儒家文化强调仁、义、礼、智、信，同样，儒家文化也深刻影响我国的村落。在村落里，宗法制是儒家文化在农村的产物。在宗法制大背景下，最具特色的建筑物——宗祠诞生了。宗祠坐落在村庄内最核心的地方，引领村庄的发展格调。从宗祠建筑物进行分类，村落格局有以下三类：

第一，中心型空间格局。中心型空间格局下，整个村落都是同一个姓氏，其他姓氏甚少，所以大姓氏的宗祠成为村落的核心建筑物，在宗祠周边普通建筑物成群结队。

第二，组团式空间格局。组团式空间格局下，整个村落有多个姓氏，不同姓氏的集群以各自姓氏的宗祠为中心，在村落内形成遍地开花的状态。

第三，复合型空间格局。在历史的漫漫长河里，有些村落发展势头迅猛，和相邻的村落相互融合，再向周边村落发展，辐射影响其他村落，进而形成一个大村落，构成复合型空间格局。

（4）休闲空间。休闲空间出现在每个村形成的过程中，甚至会有风景优美的区域，成为当地人休闲娱乐的好去处，也成为村落内人们相互交流、信息互换的地方，进而形成村落文化与村规民约，也让村规民约得以流传。对于休闲空间没有约束，只要是人们聚集次数较多的地方或区域，如鱼塘边、宗祠坪下、大树底下等，都可作为休闲空间。

3.单个建筑物

中国古村落物质文化的第三个重要构成要素是村里的单个建筑物。在村落里，单个建筑物不是孤立的，而是系统里的一部分，其产生和保留离不开当地文化和群众认可。在某一个时间段里，该地区的同一集群的建筑风格类似，这是历史总结出来的规律。

不同地区的建筑物，根据自身地理条件，形成各具特色的建筑风格。例如，当地森林资源丰富，该地区的建筑物大部分是以木料建成；当地石材资源丰富，建筑则会就近取材，陕西等地出现的窑洞就是把山体掏空一部分变成居住洞穴；当地财力较为丰厚，建筑物的用材一般是青砖；当地经济欠发

达，建筑物用材一般是红砖。村落里最小的细胞是建筑，它们整合起来相互点缀，构成村落形态，也决定村落的空间结构。建筑物组合方式的不同影响村落的形态和空间结构，也产生了各式建筑群，如北京四合院、福建土楼和江南水乡等。

（二）中国古村落的精神文化

1.耕读文化

在中华上下五千年的历史长河里，土地养活了中华儿女，因此我国以农业为主，形成了男耕女织的生产生活方式，农耕文化是我国文化的标签。同时，儒家文化一直是各朝代统治阶级的主流思想，尊师重教深深烙在中华儿女的心里。从以前的考状元，到现在的考大学，崇文重教的思想深入人心。

在社会体系里，村落是最小的细胞，也是中华文明史的见证者和先行者。分布在各个角落里的村落，都自然而然地形成各具特色的文化。最明显的是村落出了名人，村落长老都会把村里的乡贤写入各自私塾教材里，用以激励村里的年轻人发奋读书。

农耕仪式是村落里最重要的仪式之一，如在立春当天，村里会准备各式各样的蔬菜、种子，将这些东西摆在桌子上，然后由村里的长老点燃炮仗，庆祝立春的到来，祈祷当年风调雨顺、谷物丰收。像这样类似的习俗，全国各地村落有所不同。

2.宗族文化

宗族是一群有血缘关系的人在一起战斗和生活生产中形成的。宗族的出现意味着宗法制度的基本组成单位的出现，宗族经过漫长的发展壮大，然后建立起宗法制度。自宗法制度建立以后，一直占据各朝代上至统治阶级、下至平民百姓的主流地位，也成为管理宗族和团结宗族的一个依据。

　　古时候的中国村落基本上是同一宗族的人建立起来的。依靠宗法制度建立起来村落之后，村民通过严格的宗法制度和潜移默化形成的乡规民约管理村庄，维护村庄稳定和谐。

　　建立宗族祠堂的目的，一方面是可以供奉宗族历代祖先，以示尊敬；另一方面是可以维护宗法制度。宗法制度在历史长河里逐渐形成各具特色的宗族文化，使得尊老爱幼、孝顺父母等优良品德深入人心。特别是清明时节，无论外出多远的人，都会赶回自己的家乡祭祖，这已成为习惯。有的村落还举行一定规格的祭祖仪式。整个祭祖过程可分两步：整个宗族成员回到老家在指定的地点祭拜先人；仪式结束后，宗族长老会设宴招待宗族成员，大家借此机会闲聊，促进感情，拉近关系。

3.传统手工艺文化

　　古村落里的集群会根据各自喜爱、家族图腾、审美认识、制作工艺等，形成独具代表性的手工艺文化，这种手工艺文化已在中国大地存在数千年。为了提高生产效率，手工艺和商业从农业里独立出来，从此拉开手工艺生产的序幕。手工艺的发展历程与我国生产力发展历程同步，从制作陶瓷日用品到烧制瓷器装饰品，从冶炼青铜钟鼎到铸造钢铁大炮，从麻布青衣到丝绸衣服，显而易见，中国古代手工艺在世界同时期处于绝对领先地位。

　　在中华五千年的历史里，勤劳是中华民族的又一标签，勤劳使传统手工艺在继承中发扬壮大。时至今日，传统手工艺随处可见，尤其是在拥有一定历史的古村落里，现在仍是以传统手工艺为主导产业，手工业属于文物活化石，其文化价值不言而喻。

　　国家为了鼓励、保护、传承传统手工艺，每年都会组织专门机构从传统手工艺中评选出国家非物质文化遗产。例如，打年糕在江西省九江市湖口县十分盛行，当地人喜欢采用传统方法，使用固定原材料手工制作年糕。制作不同样式的年糕，可以寄托人们对美好生活的向往，现已被列入国家非物质

文化遗产。

二、中国古村落文化的重要价值思考

我国古村落能够穿越五千年，成为中华民族文明发展的有形见证，其根本原因在于聚落文化的强大生命力。古村落文化是客观存在的珍贵历史遗产，同时融入现代居民血液中，表现为主观的精神存在。古村落文化对现代人的精神世界发挥着潜移默化的影响，是现代人精神世界温馨恬静的港湾。古村落文化的历史、哲学、生态、艺术等丰富的内涵，对人类的发展具有重要价值。

（一）中国古村落文化的历史教育价值

人类社会的发展历程也是人类生命质量不断提升的历史，历史文化与人的发展之间的内在关系决定古村落文化的历史教育价值。

走进古村落，随处可见传统建筑、文物古迹，以及旧时的生活用品和生产工具，它们共同引领现代人置身于千百年前的文化空间，如儒雅的官宅展现出入仕文人衣锦还乡的风光；宏伟的商宅尽显商帮的成功与雄厚财力；白墙黑瓦的小家民居留下了"晴耕"的忙碌和"雨读"的平和。每件文物、每处古迹都在叙说着历史的故事，是古代社会政治、经济、日常生活方式的剪影。

传统建筑和古迹也折射出特定历史时期人与社会的关系，如主次分明的人居空间体现儒家长幼有序的伦理观念；坐落在村落中心的最大建筑体——祠堂，是宗族文化的象征，体现"家国"主流文化意识；鳞次栉比的牌坊不仅是宗族的荣誉，也是引领、强化主流文化，教育族人的重要手段。

以现代社会价值取向评判古村落的历史文化，就其性质而言，曾经代表先进文明的宗族文化及儒家伦理观念已经失去社会存在的基础，但是也应该看到，正是因为历史有选择地保留了传统文化中积极的内容，今天的社会才有了人们为之骄傲的民族文化和地域文化。对涉及古村落文化的历史变

迁过程的认识必然涉及历史方法论，它赋予了古村落独具魅力的历史教育价值。[①]

（二）中国古村落文化的道德教育价值

以伦理为本的中国传统文化决定古村落文化的道德属性，民居建筑中的门楼样式、厅堂功能、房舍开间、壁画三雕等都体现宗法、伦理的道德观念，祠堂、牌坊更是宗族、伦理文化的象征。非物质文化中的思想观念也不可避免地被打上不同历史时期社会伦理道德的烙印，这决定了历史形态的古村落文化是一种伦理道德文化。

古村落文化是基于历史存在，同时又演化、沉积为中华民族优秀的传统和品质，超越历史而成为现实的存在。宗族文化历史积淀的优良传统包括家庭美德、集体意识以及民族精神等，如相互尊重、相互体谅、相互关心、互帮互助、敬老爱幼、团结合作、家乡情怀、民族荣誉感等；基于人居文化、民俗风情的优良传统有亲和的邻里人际关系、质朴和谐的民风，以及遵守社会秩序、讲文明礼貌、勤劳勇敢等。

村落文脉是道德理念对人文典范的纵向连接，榜样人物的人格与品行、其追求理想与真理并为之前赴后继的奋斗精神，是现代人从中收获到的弥足珍贵的精神财富。这些优良传统和品质或依存于古村落的物质环境，或渗透在村民的日常生活和观念中，是一种融于村落生活世界的缄默道德，依赖于现代人的体验与认同。

（三）中国古村落文化的审美教育价值

融于现代居民实际生活的古村落文化从形成之初，便不仅是简单的哲学理念及其指导下营建起来的生活居所，更包含心灵上深层次的文化审美信息。古村落文化所特有的人、自然与建筑三者的和谐统一，折射出村落居民

[①]徐超.“古村落”建筑与文化的传承与发展[J].建筑结构，2020，50（22）：157-158.

世外桃源式的审美情趣。

（1）融合自然环境的生态和谐。古村落散发天、人和谐的魅力，源于村落先民对居住环境的精致选择，得益于他们对自然环境的精心调适。例如，徽州村落的奠基人把山水诗和山水画的意境引入村落营造实践中，实现了村落园景与诗意画境的统一；明朝初年，俞源村结合自然环境，依照太极、星象意象对村落进行改造，成为意味隽永的"太极星象村"。无论是奠基还是改造，古村落的选址、布局都以立意为先，并"以山水为血脉，以草木为毛发，以烟云为神采"，营造出"全村如在画中居"的绝妙诗情画意。在这个意义上，古村落文化可以理解为通过对自然山水的体验而形成对诗画意境审美经验的发展。

（2）形神兼备的建筑艺术。古村落建筑带有明显的地域特色，形神兼备的建筑物无不透视着村落先民的审美情趣。白墙黑瓦的主体建筑与青山绿水相映成趣，形成恬静、安宁的温馨氛围；建筑物的组群气势及其整体形态造就余韵绵绵的意境；错落有致的马头墙在空间变化上极有层次感，被喻为"凝固的乐章"；民居的"三雕"作品题材丰富、手法多变，是一种象征并揭示寓意的艺术语言；以写意手段造景一二，几个景观便足以达到画龙点睛、"芥子纳须弥"的效果；一个横额或厅柱配之精妙的题联，可使置身其间的人领悟主人的人生志向和审美意境。

（3）恬淡、安宁的生活情趣。"斜阳照墟落，穷巷牛羊归。野老念牧童，依杖候荆扉"的古代村落景象，显示着恬淡、安宁、和平的生活情趣。经过历史积淀，生活情趣又逐渐凝结为与诗意栖居环境共生共荣的民俗文化风情。如果生态和谐、建筑作品的主旋律是环境美和艺术美，民俗文化风情则更多地体现出人性、道德、心灵的美。节庆、岁时节令的活动，或庆祝，或祭祀，或祝愿，淋漓尽致地展现出村落居民的人性美；民间戏曲以喜闻乐见的艺术形式，树立正面人物的道德楷模形象；祭祀、祈福活动经过历史涤荡，逐渐成为追念先祖功德、寄托美好愿望的精神表达方式。

第二章　中国古村落文化仪式与社会功能

古村落素有"传统文化明珠"之称，在古村落和谐的人居空间中蕴含着丰富的历史、伦理文化内容。本章主要阐述中国古村落中的民俗节庆、日常仪式、信仰文化空间以及中国古村落文化的社会功能与民族精神。

第一节　中国古村落中的民俗节庆

一、民间传统节日

中华民族在数千年的历史发展中逐渐形成底蕴深厚、博大精深的民族文化，孕育出春节、元宵节、端午节、中秋节、重阳节等具有鲜明特色的民族节日。这些节日不仅具有自身独特的风俗与礼仪，也成为古村落文化的一部分，对中国古村落文化的形成起到重要作用。

（一）春节文化

春节文化是中国整个节日文化体系中最为重要的一个。春节文化包含服饰文化、饮食文化、年画文化、家族文化等，是一个文化的集合体，这些文化现象共同形成中华民族的"年文化"。要深入了解春节文化，需要对多种文化现象进行梳理，了解其背后具有的文化象征意义以及形成机制。

对于中国人民而言，春节是旧年与新年的交接，代表辞旧迎新、承上启

下。劳动人民经过一年的辛勤劳动取得收获，春节就是一场盛大的庆祝仪式；春节也意味着对新的一年将一帆风顺的祈福。春节是人们心中所想的物化形式，既是一种精神上的寄托，也是一种现实的力量。春节文化主要包括以下三部分内容：

（1）春节的饮食文化。在北方村落，春节活动从腊月（农历十二月）开始，人们需要准备新衣服，家家户户置办年货。从农贸市场的物品可以看出渐浓的年味儿，食物、装饰等过年物品十分丰富，每家都会去农贸市场采购物品为过年做好充足准备。年货的置办最重要的是"全"，包括全家人的衣服、肉类、蔬菜、粮食等。年货会持续采购，从腊月开始一直到除夕当日，采购的物品数量要能够用到正月十五。因为从春节到正月十五，传统习俗是不外出购物，因此年货需要提前准备。而年货准备结束，也代表着春节的来临。

在春节文化中，置办、储备年货是非常重要的一部分，但并非是简单的购买置办行为，从本质上看，这种行为的出现是由于社会生产力的落后。在传统农耕社会，生产力较为落后，一遇灾年，农民可能面临颗粒无收的局面，所以储备物品是人们对抗饥荒的必要手段。随着生产力的不断进步，人们逐渐摆脱了饥荒，但准备年货的行为却传承了下来，成为一种风俗习惯。储备年货也是人们对自己过去一年辛勤劳动的奖赏。

（2）春节的年画文化。春节前，每家每户都会在自家屋内贴上年画，并在自家大门贴上春联。年画通常以具有吉祥寓意的形象为主，预示趋吉避凶，这一行为从悬挂桃符逐渐演变为绘画艺术和书法艺术。张贴春联除了追求吉祥外，还具有使家庭生活面貌焕然一新的作用。

（3）春节的家族文化。春节是辞旧迎新的日子，还是全家团圆的日子，人们会走亲访友、祭拜祖先。在北方乡村，除夕当天下午，全家人会准备好香、纸、鞭炮等祭拜用品，一起到家族墓地"请家堂"，也就是请祖先回家过年的意思。除夕当晚，家族中的男子要到同族长辈家中拜年，以表尊重。

大年初一，家中所有人要一起到同族长辈家中再次拜年，初一下午或初二早晨，全家人会再准备香、纸、鞭炮等祭拜用品，一起到家族墓地"送家堂"，也就是送先祖回去。

春节文化中的家族行为实质上表现出的是一种乡村家族观念。和大多数外国家庭相比，中国家庭更加注重家族文化。每逢春节，无论家族中的成员身在何处，都会尽可能赶回家，与家人一起共度佳节，这时候，春节成为家族彰显名望与力量的契机。此外，每个家族都有家规，家规约束着每一个家庭成员，在一定程度上起到加强德育的作用，家族规范和社会法律体制一起，共同维护社会的稳定。

春节文化的各种行为背后都存在一定体系，这些体系共同构成中国特色的春节文化，尤其在中国的农村，春节文化体现得尤为明显。春节文化作为村落文化的重要组成部分，体现中华民族团结、互爱的精神，也在一定程度上对法律体系起到辅助作用，实现法律所不能实现的功能。因此，加强古村落文化中春节文化的保护与传承，对社会稳定发展具有十分重要的作用。

（二）其他节日文化

与春节文化相同，元宵节、端午节、中秋节等中华民族传统节日同样是村落文化的重要组成部分。这些传统节日有的为纪念历史人物，有的为庆贺团圆，但本质都是对美好生活的向往与憧憬，具有精神层面的巨大力量。这些精神力量成为民族凝聚力，启示人们惩恶扬善，避免道德滑坡。

在乡村节日文化中，饮食和仪式文化也是必不可少的。例如，元宵节吃元宵，中秋节吃月饼，端午节吃粽子。此外，还有祭祀、登高、插艾草等仪式活动。这些习俗蕴含的是中国独有的道德礼仪，反映社会中每一个人所共同遵守的礼仪，对当今中国道德规范的整体提升具有重大意义。

二、节日文化与村落文化

中国古村落文化，尤其是传统节日文化，是我国人民在千百年的历史长河中创造和传承下来的，是人民辛勤劳动的结晶和美好生活的象征。村落中的节日文化是我国农村人民生活的核心精神和信仰，是中华民族的价值追求，体现整个民族充满活力与生命力的精神世界。这些传统节日文化历经千年，蕴含着劳动人民的智慧，并在村民中代代相传。

总而言之，在历史发展中，民俗节日文化与古村落文化融合，成为一个不可分割的整体，不仅强化民族的文化记忆和心理认同，也包含民族性与个体性的统一价值。

第二节 中国古村落中的日常仪式

一、婚姻仪式

在农村社会，婚姻仪式是十分重要的仪式。婚姻是维系人类和社会延续的基本制度和活动，不仅意味着一个新家庭的组建，更体现着一种深刻的社会文化。与婚姻相关的风俗习惯十分丰富和复杂，对家庭、家族、社会、国家而言，都具有重要意义。

中国的婚姻仪式经历了从原始族群的乱婚和血缘群婚，到氏族社会的非血缘群婚和对偶婚，再到现代文明社会一夫一妻制的进化和变迁。

在北方乡村，传统婚姻仪式有一套固定机制。单身男女到了适婚年龄，首先需要男方托媒人说媒，得到女方同意后约定双方见面，双方在会面中对彼此都满意后，需要互换生辰八字测算是否匹配。这些步骤都完成后，双方会对聘礼的数量及其他习俗进行沟通和敲定，然后由男方下聘礼，最后是婚礼环节。婚礼所涉及的风俗习惯有迎新娘、拜天地、吃酒席等。

婚礼的背后包含复杂的文化与价值观念，如家族观念、道德观念、经济观念等，婚姻是由这些文化价值观念融合而成的。当今社会，在现代婚姻仪式的巨大冲击下，传统的婚姻仪式逐渐走向衰落，随之消失的还有婚姻仪式背后的一系列文化现象。

二、丧葬仪式

与婚姻仪式类似，丧葬仪式同样是古村落文化中十分重要的组成部分。丧葬文化的背后存在中国传统文化的影子以及中国传统的道德内涵。无论是从仪式的形式还是内容上看，丧葬仪式都充分反映了中华民族传统的宗法观念和道德伦理。

在农村，丧葬文化是复杂多样的。死亡代表生命的终结和精神的消亡。在农村丧葬习俗中，生者基于对死亡、灵魂等传统观念和情感，尤其是对死亡的恐惧，衍生出一系列葬法。农村的丧葬习俗受到生活影响，成为村落文化的一部分，深刻反映人们的观念与思想。丧葬仪式传承人们的精神力量，保留大量历史遗存，为人们深入了解古代社会的历史文化提供了重要线索。

三、饮酒仪式

中国自古以来就有饮酒文化，饮酒文化在中国人情社会文化中不可或缺，对中国的社会道德产生了十分重要的影响。饮酒文化一直是中国传统文化的组成部分，饮酒的习俗从酒被发明时起就已经产生。饮酒文化与婚姻、节日等传统文化密不可分，而饮酒背后的文化现象恰恰是村落文化的重要组成部分。简言之，饮酒文化是其他古村落文化的亚文化。

饮酒文化作为其他古村落文化的亚文化，可以促进其他文化现象的发展。在乡村，饮酒的习俗有很多正向作用，可以烘托节日气氛，加强人与人之间的交流；可以团结家族内部的亲人；可以增进好友之间的情感。总而言

之，饮酒习俗是维系社会交流的重要纽带。但是，在现代社会，饮酒渐渐失去道德层面的约束，发展为酗酒，甚至酒后失德。但即便如此，仍然不能判定饮酒文化一无是处，应该辩证地看待饮酒文化。

第三节　中国古村落的信仰文化空间

传统村落的信仰文化空间是指某些需要有特定活动场所的信仰民俗活动所涉及的场所。文化空间属于非物质文化遗产的一种具体表现形式，其中，空间指民间以及传统文化等活动所对应的地域，也涉及具有周期特点的时间，还涉及人们的规律性活动。换言之，在关注相关民间建筑的同时，还有必要关注与之相关的各类群体聚会和活动等。村落信仰文化空间具体指与民间信仰有关的文化空间，包括信仰活动的时间、事件、空间等。

一、信仰文化空间的基础要素

村落居民是传统文化的创造者、拥有者，也是传统文化的保护者、享受者。首先，村落居民是传统文化的创造者，是文化生态的主体。正是以村落居民为主体创造的文化，造就了古村落的根基和灵魂。其次，传统村落是一个鲜活的有机体，生活着传统文化的创造者——村落居民，居民使得传统村落保持着一定的传统社会文化生活，保存着丰富的文化遗产。

（一）时间要素

文化空间的时间要素可以从两个角度进行理解：一方面是文化空间概念，指该空间能够被认为是民间以及传统文化活动的发生地，也可被视为呈现规律性及事件性的特定时间段；另一方面是指某个领域内历史文化的积累，体现时间延续的文化历程。一种文化空间一定是一种时空统一的实体。

故而，表达文化空间概念必须充分考虑某个特定时空范围内的文化演变、发展过程。因为在不同的时间段，文化空间可能具有不同的文化特质，又可能分属于不同的文化类型。

保护非物质文化遗产的整体性原则，不仅体现在空间角度，也表现在时间角度上。[1]如果仅仅关注文化遗产对应的历史形态，很容易导致对文化遗产的定位偏差，将其视为过去的历史产物而抹去其现在和未来的重要意义，从而否定其变化发展层面的含义，致使文化遗产沦落为化石。

非物质文化遗产存在对时空的依赖性，一些表演形式，如戏剧、戏曲、杂技、武术、歌舞等非物质文化遗产，能够在不同地域内同时呈现，其表演活动所对应的舞台布景实质上应是相关非物质文化遗产的发生语境。换言之，这类"非遗"项目依然沿着时空统一规律发展，而相关民间表演艺术的去语境化所体现的依然是一种"舞台真实"。信仰文化空间是一种地域特色鲜明的非物质文化和物质文化相结合的特殊文化遗产。但是，基于旅游经济效益的考虑，任意调整"非遗"项目原有的时空统一性，或者大肆将"非遗"项目进行商品化、娱乐化包装等，都将在很大程度上破坏其原生态特性，也会不同程度地损害相应社群里人们的文化心理，不利于公众参与"非遗"项目的保护工作。

（二）空间要素

信仰文化具有空间性，是因为民俗信仰作为一种文化，形成于某一地域，并存在于某个群体内，成为某个群体共同的文化，并指导他们的行为。多数的信仰活动需要实体空间作为载体。活动和空间密不可分，活动由空间作为支撑。

人与空间构成文化空间最为关键的要素。在以往相关观念中，不论是复

---

①袁同凯，房静静.空间文化与博物馆：古村落历史记忆建构逻辑——以山东雄崖所村为例[J].河北学刊，2018，38（5）：169-174.

原或重建历史古建筑，还是涉及保护相关的传统街市、古镇等，往往将焦点集中于相关的空间及物质方面，并未重视相应空间中活动的人，而这类做法总会不同程度地破坏原有的文化氛围。换言之，一旦将非物质文化遗产和相应的物质载体分离，将导致文化空间的消解，致使"非遗"项目失去存在空间，即使暂时保留，也将面临生存危机。

二、信仰文化空间的魅力要素

文化景观是信仰文化空间的魅力要素，是人们通过自己的活动，有意识或无意识地改变自然环境，并附注于一定的地域特色文化，而形成的一种文化与自然复合体。从"文化景观"的字面意思理解，文化景观包含文化和景观两个主要成分，"文化"是无形的，"景观"是有形的，文化景观由非物质与物质两种形式体现出来。"文化"需用心体会，不能直观看见，如生活方式、风俗习惯、文化氛围、风土人情等；"景观"可以直观地用肉眼看到，有各自的形态、色彩、功能，并带给人不同的印象。文化景观强调景观所内隐的文化因子，如价值观念、审美情趣、历史掌故等。因此，对文化景观的审美和感知需要一定程度的信息加工和理解，才能领会其内含的文化意义和价值。

古村落文化景观同样属于人类和自然环境共同作用而形成的产物，这一文化景观既包括人类的创造物，又包括人类活动本身。村落文化景观反映村落社会中人们的多元化智慧，也体现人类与其所存在的自然环境的关联，既不同于人工景观，也区别于自然景观，属于一种承载农业文明成果的人类劳动产物。

古村落文化景观按形态可以分为物质文化景观和精神（非物质性）文化景观。前者是人在自然提供的物质基础上创造出来，看得见、摸得到的文化凝聚物，与人类生产、生活密切相关，如农田、道路、建筑、园林等，主要特征是可视性；后者是在客观物质环境作用下人的文化行为所创造的，虽看不见，却可以感知的文化创造物，如语言、法律、道德、价值观和某些艺术，如音乐等。[1]

古村落文化景观具有极其丰富的意义，既是人和自然和谐共处的具体表现形式，又蕴含人类丰厚的历史记忆、丰富的文化资源以及民间传统方面的信息等，还是构成人类社会发展历程的一项重要文化遗产。另外，村落文化景观预示着人类对未来生活环境的追求，村落文化的多样性特征具有关键性的文化象征意蕴。古村落文化景观也属于一种农耕文明的记忆，并带有较强的地域性特点，反映一种地区性的历史沉淀。

每个文化景观都是特定的时代产物，必然带有创造性或时代特点，如同社会文化史的瑰宝。文化景观功能可能一直没有变化，也可能发生某些变化，文化景观功能的变化反映所在地区文化的变迁。

三、信仰文化空间的孵化要素

如果文化景观强调的是显而易见的文化要素，文化氛围则强调隐藏在这一系列显见要素下的文化基因，是信仰文化空间的孵化要素，是与地方性制度、政策、风俗、思想、精神状态紧密相连的活动逻辑与规则，着重于内化的诸多社会共识。

氛围是一种容易感觉到，但难以表达的对象，是一种复杂的心理体验。文化区内各种信息通过人的各种感官反映到人脑中，人们结合已有的原始信息，重新组合成一个景观信息集，并反馈到文化意境地图和感应行为中。文化意境地图是人们关于某一文化区形成的一种心理构筑，是人们关于文化区的空间图式，这种特性对文化区个性表达十分有用。地方社会的结构与动力透过集体记忆建构，可表现出空间文化形式的人的活力，这就是文化的生机。

---

[1]白佩芳.晋中传统村落信仰文化空间研究[D].西安：西安建筑科技大学，2014：27-48.

村落信仰文化空间以非具象的文化景象为基础，形成"氛围景观区"。在自然景观和社会经济环境双重作用下，形成相对匀质的文化氛围区。一定空间范围内文化氛围的相对一致性形成边界模糊的文化氛围区。人们对某一地区的历史感应，将影响人们对文化区的评价。例如，黄河中下游一带，总会令人感到一层厚厚的历史纱幕笼罩着所有文化景观，这种感觉不仅存在于人造景物上，也体现在受人工改造过的自然景物上。咆哮的黄河、辽阔连着天际的黄土高原、嘹亮忧郁的信天游，甚至高原上空的云彩和太阳，都有一种浓重的或是淡漠的历史感。

氛围是弥漫在空间中能够影响行为过程和结果的心理因素和心理感受的总和，是看不见摸不着的，但却是客观存在的，类似于物质的电场、磁场、力场。物质之间的相互作用，有时不需要直接接触，通过看不见、摸不着的潜移默化就能产生作用。

四、信仰文化空间的活力要素

场所对人类的存在具有重要影响，是人类情感、社会属性附着与沉积的空间。场所，首先是一个空间；其次直接关系居民日常生活；最后负载市民情感。事实上，作为场所，必定是具有深度文化内涵的。

文化空间属于专有名词，主要强调人类口头以及"非遗"项目的具体形态。就其自然属性而言，文化空间一般具有特定的文化场所，即某个特定的物质空间或物理场所等，该场所以固定的时间与任意场所结合而成，或为普通场所，或具有神圣意义，或具有景观价值，不一而足。

文化场所包括三个构成要素：静态的实体环境、活动和寓意。实体环境是场所赖以存在的实体空间，是场所的物质外壳，如建筑景观、建筑质量、建筑造型和周边建成环境等；活动是发生在这一实体环境内各种人类行为及其对实体环境的影响；寓意是处于场所内的人与场所之间的情感联系，以及场所给予活动者的各种体验和记忆。

丧失场所意义的空间将是一个病态空间，对于居民而言，这样的空间没有过多吸引力，居民在其中难以看到生活的希望，个体缺乏精神慰藉和寄托，生活丧失故事和情趣，进而造成生活状态的外在呈现活力欠缺。就存在的核心而言，场所力图建成一种充满人情味的生活空间，而不仅仅是一个居住空间、工作空间。文化场所作为居民日常生活、休闲的集聚空间，包括实体环境及与之对应的意向空间和虚拟空间。

实体环境通过文化景观、空间尺度、基础设施等内容，激发居民参与其中的欲望；意向空间则使这种参与具有生活意义，并对个体生活体验、经历、精神状态和记忆进行塑造，由此产生归属感、认同感、安全感。虚拟空间是实体空间的虚化和意向空间的外在化，即虚拟空间建立一种利于记录与呈现个体思想与精神状态的媒介。文化场所的特征与属性直接关系居民生活质量的提升，关系居民紧张状态的缓解，关系居民情感的有效交流，也关系到居民精神面貌的呈现。因此，激发与展现居民活力的文化场所构成古村落空间的活力要素。

五、信仰文化空间的保障要素

任何不断演进的事物都是一个复杂的自适应系统，村落也不例外。村落自适应的演进过程又受到人为介入与规范作用，这一作用可以认为是政府制度与政策对自组织的调控。在人为调控中，处于主导地位的通常是决策层。村落采取怎样的发展思路、支持怎样的开发与巩固运作、关注的重点在哪里，都与决策层紧密相关。换言之，古村落文化只有在决策层认可且支持的情况下，才有可能得到有效实施。

文化制度是一定社会形态、历史条件下上层建筑的一部分，是对文化内容构成的规范性描述。村落文化制度是村落制度文化的一部分，宏观层次反映国家层次的国体以及社会意识形态；中观层次反映古村落文化的地域性特征。

文化制度与政策具有三点重要的全局性意义：首先，全球文化渗透与同化的控制与引导；其次，传统文化和地域文化的继承；最后，村落文化的创新与超新。总体而言，作为古村落文化的保障要素，文化制度是村落文化政策制定与实施的基底，必须倡导多样性文化的融合与发展，实现文化的继承与超越。

第四节　中国古村落文化的社会功能

一、中国古村落文化的社会禁忌功能

（一）自然禁忌的功能

古村落文化作为中国民族文化的重要组成部分，具有独特的民族精神和文化特色。古村落文化具有很多行为准则和禁忌，其之所以能够产生积极的社会效益，和拥有的禁忌有很大关系。在古村落文化中，禁忌分自然禁忌和人文禁忌，自然禁忌是协调人和自然的关系，而人文禁忌是协调人与人的关系。两种禁忌都有重要的意义和价值。

自然禁忌与崇拜自然有着相似之处。简言之，自然禁忌是在人对自然敬畏之心基础上建立的一套价值观念。这种禁忌在农村中更容易体现出来，因为在农村，人与自然的关系更加紧密，由此便有了很多自然生态环境和人们日常生活禁忌。这种禁忌方式约束着人们开采自然资源的行为，包括乱砍滥伐、破坏庄稼等。这种自然禁忌的行为方式是一种生态伦理，实则是人们在生产生活中不断地总结经验，找到人与自然和谐发展的方法，是"天人合一"观念。这种观念是人和自然和谐共生的真实写照，也是人们在追求生命延续和生存物质上的精神文明活动。作为和自然崇拜联系紧密的文化形式，自然禁忌传递出的是人们生产生活的源头和对未来生活的美好愿景，蕴含着中华民族的坚韧品格和素养，继承着民族精神和善美追求。

自然禁忌文化源于古村落文化，其作为中国传统文化精神的一部分，应该被继承和延续。最为关键的是，存在于自然禁忌中的生态伦理精神可以为现在可持续发展理念树立标准。因为生态伦理精神是原始生态保护的真实写照，可以使人们了解传统的生产生活方式，也为现在环境的治理提供参考。自然禁忌和生态伦理精神两者之间的相互联系和碰撞是人类和自然万物之间和谐交往的精神支柱。可以看出，自然禁忌精神为现在的社会发展树立了社会价值意义，能够在一定程度上有效缓解当下人与自然之间的多种矛盾。

（二）人文禁忌的功能

在古村落文化中，人文价值下的礼仪和道德既相互联系又相互制约。人文价值是农村社会伦理道德的建构基础，包括礼俗活动和意识形态，如婚丧嫁娶、节日习俗、农耕文化、人生价值、道德体系、审美标准等，影响农村的人文精神价值回归。

人文禁忌是在古村落文化影响下对非自然领域的规范与制约，这种禁忌又可以理解为人文伦理。人文禁忌最初便是在传统节日中相沿成俗的习惯，这些行为禁忌产生于传统节日，是节日中重要的一部分，在一定程度上丰富了文化内涵。从本质属性上分析，人文禁忌是人文伦理的基础，实则是约束人们的行为准则，也延伸出更为深刻的道德价值观念。

作为人文伦理的基础内容，人文禁忌对人的行为起到制约作用，其更深层次的道德价值观念也值得研究。从古村落的文化习俗出发，村落文化中的禁忌行为是形成道德价值观念的主导力量。例如，新春佳节，不能说不吉利的话语，要尊敬长辈，不出现随意杀戮行为等。通过现象看本质，可以发现，人文禁忌蕴含的是一套人文价值理念。在农村生活影响下，很多文化现象影响农村的经济建设和人文价值，而这种影响多半是有益的，也是社会发展所需要的。

和社会法律体系一样，人文禁忌中的道德价值培养也能对社会稳定起到维护作用。在村落环境下，人文价值的形成具有两个先决条件：

一个是在相同的族群中，每一个成员的利益都是相同的，族群生存的基础和地区的生态环境情况相联系，遵守规则对每一个人的发展都是有利的。在村落中，多是以家族聚集的形式生活，在这种形式下，更能建立起共同的利益和相同的道德价值观念。

另一个是族群中的成员是固定的，如果成员流动范围较大，他们看到的更多的是短期利益，这样，规则会不复存在。人文价值建立在熟人社会基础上，因为人口一旦流动频繁，熟人社会会向生人社会发展，人文禁忌中的道德价值观念便没有了社会基础。所以，古村落文化中的人文禁忌正在走出农村，进入城市，而人文禁忌和主流文化碰撞所表现出的是一种边缘化和主流化的牵制关系，这种关系下的古村落文化只能保留表面内容，是一种文化手段，其真正的道德价值观念并没有表现出来。从另一个侧面出发，中国农耕文化的大背景下也产生了村落文化。虽然现在的城市化进程在不断加快，但是村落文化的生存空间依然存在，所以村落文化应该对自身进行调整，发挥其内含的道德价值作用，使村落文化仍然具有很大的发展空间。

二、中国古村落文化的社会构建功能

（一）经济构建的功能

古村落文化通过物质与精神两个方面，对现代农村社会进行建构。就物质方面的建构而言，古村落文化主要指经济发展模式，如以土地为中心的模式；就精神方面的建构而言，古村落文化主要指家族的力量与道德的力量。

对于农村社会而言，所有的社会活动都建立在一定经济基础上，而经济又依赖于土地。对绝大多数农民而言，坚持以土地为中心的经济模式并不只代表单纯的养殖、种植行为，实际上代表的是可持续发展模式，也为城市中的发展提供了另一种选择。事实上，土地除了可以作为个人身份的代表，还是财富与自由的元素符号。因此，在认识村落文化时，应当认识到村落对于农村经济方面的建构。

从现有的土地制度来看，土地对于维持社会稳定具有重大意义，人们将这样的社会结构称为自然状态。自然状态指没有规范的团体进行土地建设与规划，也没有实行大规模的社会变革，是一种自然的随波逐流的发展状态。所以，在自然状态下，土地对于社会稳定具有重要作用。

（二）建筑构建功能

除了经济与土地方面，村落文化主要通过建筑方式对农村社会进行建构，因此需要对村落的建筑方式有一定了解。传统的村落是一个大家族一起生活，因此村落建筑一般是用聚集方式建设，在建设过程中需要注意山与水的位置，再根据传统理念进行实践。通过这些方面的了解与认识，才能更好地认识中国传统与文化。

中国是一个有着众多民族，具有博大精深的文化、广阔地域的国家，由于地域的不同、民族的不同，形成不同的建筑风格与特色。因此，在不同的地域、不同的民族之间，都有不同的文化。例如，云南省傣族竹楼与陕西省窑洞具有很大差别；浙江省的江南水乡和广东省潮汕民宅也有很大不同。各地建筑的风格特点都是由本地的地理环境、气候条件、生产特点、文化信仰、风俗习惯等决定的，都是从实际出发，根据当地特点，"土生土长"出来的优秀代表，是我国的文化瑰宝。这些民居虽然历经沧桑岁月，但建筑方面的民族文化与乡村特色依然保存完整，是各个地域的代表，充满无限生机与活力。

村落的建筑形态代表中国文化多样性与民族多样性。在村落建设基础上发展的古村落文化，一方面是建筑物的反映，另一方面对于文化的传承也具有保护作用。尤其是向城市化发展的地区，通过对传统建筑的保护来保护古

村落文化，又通过对古村落文化的保护来保护传统建筑，两者相互促进、相互依赖。

传统建筑文化理论在中国传统文化中占有一定地位，其中蕴含许多道理，如北方根据地理环境、气候影响，传统建筑文化理论提出建筑房屋"坐北朝南"等观点。因此，有必要对古村落文化进行一系列研究与探索，重视其对建筑形态构建方面的作用。古村落文化除了保留民族特色文化外，对于现代文明建设也有重要意义。

（三）道德构建的功能

古村落文化对农村生活的影响表现在对"道德"和"家族"的建构上。农村家族对道德的规范可以通过节日文化体现出来。很多村落都是集群居住，家族成员常常一起完成一项活动，除房屋聚集外，土地的聚集也在一定程度上保障家族家规的形成。另外，每一个家族成员都需要尊重家族信仰，每一个成员的行为代表整个家族的形象。这样，家族家规的形成成为制约家族成员的道德规范。

古村落文化对于农村社会的构建而言，无论是在物质方面还是在精神方面，都有着至关重要的作用。古村落文化对农村社会的构建有着深刻影响与改变，这种影响与改变在中国城镇化改造中起到重要作用，具有重大意义。因此，对于古村落文化的探究需要持续下去，永不能停。

第五节　中国古村落文化的保护思路

一、古村落文化的政府力量

古村落在形成早期有着丰富的自然资源和地域文化，古村落文化对当今

社会发展，如经济、历史、文化、科学、艺术等方面具有借鉴价值，应当予以保护。然而，面对城镇文化的侵蚀，很多古村落文化内核价值已经分崩离析，某些地区的古村落文化越来越单薄。因此，保护古村落文化刻不容缓，尤其是政府，必须积极发挥带头作用。

政府出面对古村落进行保护，可以最大限度地保护现有文化不被取缔。对此，政府可以颁布相关保护条例，完善相关村落保护法律机制，统筹安排资金的使用。古村落保护离不开资金保障，尤其是破损严重的村落，资金的支持非常重要。

古村落保护的最大问题是如何留住人。如果没有人，村规、民俗、村里的历史记忆都将消失，只有留住原住居民，才能留住古村落的"魂"。但可惜的是，现代人对古村落文化保护意识淡薄，对古村落文化产生的社会价值和人文价值知之甚少。因此，政府不仅要在行动上保护古村落，还应该落实到思想上，让人们明白古村落文化的精神内涵。并且，政府对古村落文化的保护不能仅仅停留在外在形式上，更应该将注意力集中在古村落文化价值的传承中，要让人们从思想上高度重视古村落文化内核价值，而这是一个长期熏陶的过程，短期内很难看见成效。

古村落文化作为一种文化遗产，不仅存在巨大的经济价值，也是一种独特的、不可再生的历史文化资源。古村落的保护显得尤其重要，因为保护是发展的前提，也是古村落旅游可持续发展的保障。针对古村落的文化保护，政府应该具体地分析，反对传统一刀切的整改策略，只有因地制宜才能体现不同村落的文化与独特的民族特色。

二、古村落文化的精英人物

精英人物的传承区别于政府保护的压制性。一般情况下，精英人物是古村落中杰出的人才、意见领袖等。相比于一般村民，他们对古村落文化和历史传承的原生态生活气息、传统习俗和风土人情更熟悉，也更容易将现代先

进文化熔铸其中，让优秀传统文化焕发生机。

从古村落走出来的精英人物，大多受过高等教育，眼界宽广，对于古村落文化有独特的理解，尽管他们长大后已经远离古村落生活，但故乡是他们的精神，是他们生长的根。发掘活化非物质文化遗产，延续原生态的生活气息、传统习俗和风土人情，熔铸现代先进文化，让优秀传统文化焕发生机，是古村落保护与利用的重要内容和长期任务。对此，精英人物可以在古村落文化保护中起到模范带头作用。与外来人员相比，他们更了解家乡，对古村落文化保护也有自己的想法，更容易付诸行动。精英人物对于古村落文化的保护明显有别于政府的一蹴而就，他们往往依靠个人影响力，先扎根于一个点，再进行扩大，逐渐带动全村人一起加入古村落文化保护中。

精英人物中除了外出驻扎在城市的人以外，还有一部分人在接受过高等教育后选择留守当地。古村落作为文化传承之地，保留了丰富的文化内容，可以让身处喧嚣的他们感受到文化的熏陶。所以，这些人对古村落的精神内核了解得非常深刻，明白如何让大家了解古村落，感受文化魅力。

精英人物除了是古村落的人，还有一部分是社会中比较有影响力的公众人物，他们的言行举止受到多方关注，可以产生一定影响力。由于社会责任的加持，他们会采取一些措施对古村落文化进行保护。然而，这类精英人物对古村落文化没有切身体会，他们的行为大多会形成舆论风暴，导致保护效果平平。

三、古村落文化的内部自省

只有妥善保护和开发古村落的物质文化遗产，传承发展物质文化，才能更好地留住历史，让古人的智慧结晶得以留存。在传承古村落文化的过程中，需要对古村落进行保护。只有保护，古村落的存在才有可能成为一种永恒，文化的传承才可以不断持续。然而，在实际的古村落文化保护中，人们的思想保护意识相对淡薄。此种境况的出现与城镇化发展密不可分。村落里

的年轻人往往会选择到大城市打拼，使古村落逐渐变成一个人烟稀少的"空盒子"。纵观当前社会发展，农村的新时代建设逐渐走进人们心中，洁白的楼房、笔直的马路都是人类文明进步的成果。

　　要从根本上改变古村落文化"遗忘"现象，需要将古村落中的人凝聚在一起，一个村落只有有了人气，才能有向心力。此外，古村落文化的保护除了村内人员的"自救"之外，还要借助外来力量——政府。政府力量的介入，除了最直接的资金、政策扶持，还会带动社会人士关注古村落文化的保护。如果政府能够给予古村落居民一定补贴，让他们认识到古村落文化精神内涵的重要性，在思想上建立文化保护意识，古村落文化的传承则能够得到可持续发展。

第三章 中国古村落地域文化及传承

古村落本身包含着大量的物质和文化遗产，这些物质、文化遗产具有很高的社会价值、经济价值、文化价值、艺术价值，对古村落地域文化的传承至关重要。本章将探讨浙江斯宅古村落文化遗产的开发、张家界古村落文化的历史变迁、徽州古村落的水口文化功能与价值、中国古村落群吴文化的保护与利用、中国古村落文化的传承与活化。

第一节 浙江斯宅古村落文化遗产的开发

一、斯宅古村落概况

斯宅村处于山清水秀的生态旅游镇——浙江省诸暨市东白湖镇。诸暨市是越国故都、西施故乡，位于浙江省中部，现有户籍人口 108 万，面积 2311 平方千米。东白湖镇位于诸暨市东部，东接嵊州市，南毗东阳市，西邻诸暨市璜山镇，北接浬浦镇。全镇总面积 215 平方千米，是诸暨市地域面积最大的乡镇。斯宅是一个盛产茶叶、板栗、香榧的山区，现有茶园 7000 余亩、香榧 5000 余亩、板栗 15000 余亩，著名的"石笕""笔峰春"名茶即产于斯宅东白山上。

（一）斯宅古村落的自然环境

斯宅坐落于大山峰峦中，地理环境优越，东南面有螺蛳坤，南面有"诸暨第一高峰"之称的太白尖,西面有黄箕山,北面有五指山,河流有孝义溪、上林溪、小东溪,为陈蔡江源头,合而进入东白湖。斯宅气候适中,具有温暖湿润、四季分明的特点,是诸暨境内光、热、水条件最优越的地区之一。该地常年日照时间长,雨量充沛,特别是受到东白湖"水体效应"影响,温差较大,夜间降温、白天升温比较明显。

在海拔1000多米的东白山涧里有娃娃鱼、石蟹生息。受气候影响,植物分布层次明显,海拔800米以下处竹木葱郁;800米至1000米则多为灌木,以山楂、杜鹃、杂柴等为主,有名的杜鹃王生长在这里,号称"千年圣果"的香榧树随处可见;1000米以上多为茅草、酸浆草等草本植物。

东白山龙门顶有茶园数十亩,出产的名茶,古称"瀑布岭仙茗",而今则以"斯宅石笕茶"命名。据调查,斯宅一带有野生植物111科、497种,主要树种为常绿阔叶树种,其中有壳斗科15种、樟科17种、山茶科10种,构成斯宅亚热带地区常绿阔叶林特征的独特风貌。在森林植被中,有属国家二级保护的茜草科香果树、忍冬科的浙江七子花、杜仲科的杜仲,有属国家三级保护的樟科天目木姜子、木兰科的天目木兰、山茶科的天目紫茎。此外,浙江省林科所试验、繁殖、推广的优良、速生珍贵树种共40种,其中斯宅分布有木荷、榉树、香樟树、香椿、山拐枣、香槐、鄂椴、枳椇、青枫、小果冬青、浙江柿等16种,可见植物种类之丰富。

(二)斯宅古村落的选址

斯宅村口有两峰遥对,相距不过百米。入村左面的山峰叫狮子岩,由三座小山组成的狮头、狮身、狮尾,似一头高大威武的雄狮,狮头朝外,摇头摆尾迎接八方来客;右面的山峰叫象鼻山,由一道道小山坳组成,确像一条硕大逼真的象鼻,欢迎满脸喜悦的游客。狮子岩对面的小山丘,形似一条曲身而伏的大黄狗正在低头打盹,故名眠犬山。两山脚下有一条"风水埂",上有200年以上的樟树、松树、檫树,高大挺拔茂盛,俗称"风水树",当地村民将其视作村庄的"保护神",十分崇敬。

二、斯宅古村落文化遗产的保护

（一）斯宅古村落文化遗产的评价

斯宅古村落建筑群是大宅典范，民居经典，其气势恢宏，雕刻精美，十分罕见，有很高的历史参考价值和人文价值。下面就斯宅古村落的价值进行细化分析。

1.古建筑遗存价值

一般情况下，人们通常从历史、艺术和建筑技术三个层面衡量古建筑物的内核价值。

第一，斯宅村古建筑保留至今，留下形式百变的古建筑群体，从布局到细腻的装饰，一砖一瓦都彰显出古人的智慧。就斯宅村建筑而言，台门、家庙、石刻、校舍、门居等70余处建筑的建造年代多为清朝时期，有很高的建筑参考价值。

第二，斯宅古村落建立在清朝，从建筑风格、房屋布局可以看出封建统治对建筑风水的影响，如从存留至今的千柱屋、华国公别墅等古建筑能够看出，无论是建筑材料的使用，还是建筑格局的大小，都较普通民宅更为奢华，建筑雕刻也更加烦琐，装饰更加精致。

第三，建筑风貌完整。虽然从斯宅古村中现存的部分建筑上可以见到种种改造的痕迹，但是在传统古村落逐渐消弭的现代社会，能够像斯宅这样较完整地保留原有风貌的村落已十分少见，这得益于斯宅古村在发展过程中受到地形约束而适时开辟了新村，因此从古村整体而言，其唯一性和特殊性就显而易见。

2.传统文化价值

作为典型的古村落文化遗产，斯宅古村落通过物质和非物质文化载体，将多种多样的文化内容表现得淋漓尽致，形成丰富的文化形式。

（1）宗祠文化。血脉传承在宗祠文化中表露无遗，宗祠文化将原本只是散居各处的村民通过血脉关系联系起来，使村民在严谨分明的礼仪制度约束下团结在宗族四周。宗祠文化在村民社会活动的方方面面都表现出深远的影响力，通过修订族谱、刻记碑文、宗族会议等，对村民的基本行为进行引导和约束。

（2）耕读文化。中国是农业国家，古村落中的社会生产方式更是以农业为主。但是，在从事必要的社会生产的同时，劳动人民对于文化知识的学习也发自内心地向往。他们视读书习字为一种神圣的社会行为，形成"耕读传家"的浓郁文化氛围。在斯宅古村落房屋建筑的每个角落都能发现书画、匾刻等具象化的文化形式。

（3）民俗艺术文化。自古民间出人才，劳动人民天马行空的艺术创造力在民俗艺术创作上展现得淋漓尽致。受斯宅古村落浓郁地域文化影响，民俗艺术文化至今仍对人们的社会活动、风俗文化、人情往来等产生重要影响。

（4）建筑文化。人与自然相互依存、和谐共处的建筑风格在斯宅古村落中随处可见，折射出劳动人民的传统自然哲学，彰显他们对于精神文化和物质文化的追求。

（二）斯宅古村落文化遗产保护原则

1."原真性"原则

斯宅古村落的文物古迹和历史性建筑物是记载历史信息的真实物化载体，能够传递历史、文化和科学信息。因此，在古村文化遗产保护过程中，必须坚持保护历史真实载体的原则，避免给人造成错觉，造成以假乱真的恶劣后果，影响对历史名村的保护，这是《历史文化名镇名村保护条例》中确

立的重要原则。斯宅古村落的保护应保持历史文化遗产中的历史原物，保护它所遗存的全部历史信息；整治要坚持"整旧如故，以存其真"的原则；维修是使其"延年益寿"而不是"返老还童"；修补要用原材料、原工艺，要原式原样，以求达到原汁原味，还其历史本来面目。古村落保护要以人为本，纯粹为了保护历史遗产而违背现代生活是没有意义的，也是蹩脚的，斯宅古村落保护也是如此。历史村镇是村民生活的载体，要积极改善基础设施等生活条件，更新古建筑内部设施以满足现代生活需要才能维持历史村镇的生机，维持村镇的有机协调发展。

2.可持续发展原则

斯宅古村落建筑的保护必须建立在可持续发展基础之上。斯宅古村落的建筑是静态的，但是历史和风景是鲜活的，古村落文化保护与其放置一边归为遗迹保护，不如顺应时代发展，让古村落历史文化遗产得以源远流长。因此，结合斯宅古村落发展现状，应该将历史文化遗产放置在第一位，考虑到古村落的巨大人文价值和历史价值，实现发展与保护的双赢。

针对斯宅古村落的具体建筑，可以借鉴博物馆的保护方式，采用一定方式将其"封存"起来。然而，庞大的斯宅古村落是一个巨大的历史文化景观，不能单独将某件物品静止保存。与此同时，考虑到大量古文物历史风貌的保存需要一定的资金维持，所以还需要赋予斯宅古村落额外能为社会做出贡献的价值，包括传承历史文化、保护历史建筑，在保持古建筑风貌的同时完善村落文化、改善村落环境等。

综上所述，古村落文化遗产所产生的历史文化价值可流传千年，通过历史不断变革更新，文化遗产也会不断融入新的文化，像细胞的新陈代谢，虽然经过无数日夜的反复更新，原先的细胞已经被代谢完毕，但还能从它的历史特性中看到从前的影子，古村落也是如此。社会历史的发展是几代人共同努力的结果，对古村落文化遗产的保护也应如此，每个人都要树立对古村落文化保护的意识，从思想到行动上重视它，古村落文化遗产才能长久流传下去。[①]

（三）斯宅古村落文化遗产保护对策

1.物质文化遗产的保护

第一，建立专项保护协会。古村落文化遗产多数建立在开发不完全的地域，政府投资相对欠缺。考虑到资金匮乏，关于古村落文化遗产的保护可以借鉴国外民间投资方式，利用民间力量，集资成立专项的古村落文化遗产保护基金会，既能解决政府投资不足带来的资金压力，还能提高社会对古村落文化保护的意识。

第二，积极防治白蚁危害。建立白蚁防治体系，成立由管委会、文保处、文化局和白蚁防治所组成的管理机构，定期检查，制定白蚁防治预算，由上级文物部门批拨经费。综合治理，建立保护古建筑专项基金，用于古建筑的治蚁、防蚁工作。做到群防群治与专业防治相结合，预防与灭治相结合，普查与重点检查相结合。做好白蚁危害宣传工作，提高村民的防蚁意识。在积极治理基础上，重点抓好古建筑的环境整治，做好古建筑周围及内部环境卫生，不随意堆放木材、烧火柴、木（竹）篱笆等易滋生白蚁的材料；保持室内通风、干燥；定期设置白蚁诱杀堆，诱杀、坑杀白蚁；时时关注白蚁动态，对古建筑周围的灌木、树叶等进行定期观测。

第三，妥善化解村民现代生活与古村落文化遗产保护不可避免的矛盾。斯宅古民居建筑的保护缺乏强大的经济后盾，特别是经济发展相对较为落后的东白湖地区。因此，对于现代生活的发展与古建筑矛盾的解决，在政府的政策扶持和引导的同时，还可以引进"社区参与"模式，树立村民主人翁意识，充分发挥人的主观能动性。

---

① 吴晓路.浙江诸暨斯宅古村落文化遗产研究[D].桂林：广西师范大学，2014：7-43.

古村落文化保护的主体是人，"社会参与"是古村落文化保护的核心理念，即通过人的一系列文化保护行为，决定对古村落文化遗产保护的参与程度。古村落文化保护的主体不仅指村落原住居民，还应包括社会名人、文物保护者、旅游人员等。因为他们的社会身份不同，所以在"社会参与"认知和行动上存在较大差别，如原住居民多停留在片面的古村落建筑保护层面上，其他人则是看重古村落文化遗产带来的历史价值和人文价值。

为了让古村落原住居民建立起保护古村落文化意识，政府要发挥领导带头作用，鼓励古村落居民在古村落内留住，从政府专项资金和古村落保护开发收益中划拨专项资金，对民居的修缮和保护予以补助；古村落居民可以参与古村落的保护与利用，所得收益反哺古建筑修缮保护。通过良性的循环方式，能够让村庄原住居民意识到古村落文化可持续发展的益处，使他们在参与保护的过程中获得尊重与认可，更能激发村民的主人翁精神。政府还要投资完善古村落基础设施，优化宜居宜游环境，加强对古村落周边地理风貌、生态环境资源的保护，营造人与自然和谐的氛围。

2.非物质文化遗产的保护

大部分的古村落只注重古建筑的保护和开发，这是片面的，也是浪费的，古村落不止拥有精美的古建筑，更拥有深厚的文化，如建筑文化、民俗文化、耕读文化等非物质文化遗产，古村落文化保护更应该突出"无形"的文化资源，使古村落更加有内涵和吸引力。

第一，培养针对外来旅行人员的专业古村落文化解说人员，让外来旅客了解斯宅村的历史发展、文化轨迹、村落中的名人逸事等，通过口口相传的方式让古村落文化源远流长。

第二，对古村落文化中涉猎的古诗词、人物传志以及农耕文化书籍进行提炼，让其为现代人所借鉴应用。斯宅古村落是一个庞大的古建筑群体，关于宅子内部的布局优化还需要进行科学分析，从而探究建筑与人和谐共存

之道。

第三，斯宅古村落是东白湖生态旅游发展的关键部分，无论是旅游还是历史文化传播，都有巨大的开发价值。引领旅客在文化观赏中学习，在放松中体验古文化的美丽，通过参与古村落乡音、方言、农耕种植、说书、唱戏、赶庙会等活动，使旅客获得古风淳朴的民俗体验。例如，拜师学艺敬乡贤是古村落的灵魂、血液和根脉，是村民乐享生活的常态，也应是古村落开发利用、"旅游留人"的法宝。

第四，通过农耕种植技艺教授、进行农耕文化传播以及早期农耕器具的展览，让斯宅古村落旅游者和原住居民了解古代人的农耕生活。例如，在华国公别墅内还原古代读书人在私塾上学的情景，重现中国传统文化，让人们了解国学文明，重视历史文化传承。简言之，保护古村落最根本的是保护"留得住乡情、记得住乡愁"的乡村生活。

三、斯宅古村落旅游业的开发

（一）斯宅古村落旅游业开发的优势

斯宅拥有独特的自然、人文等区域资源优势，既有自然赐予的先天性优势，如地理环境、山水风光等，也有人类创造的后发性优势，如斯宅古民居、特色农业等，所有这些都是发展旅游业的良好基础，只有充分挖掘和精心利用这些资源优势，才能使该区域经济实现跨越式发展。

第一，斯宅是座绿色宝库，位于浙江省诸暨市东白湖镇。经过历年的绿化造林、退耕还林、水土保持等综合治理，连绵的群山上树竹苍翠挺拔、郁郁葱葱。特别是20世纪90年代以来，斯宅村在荒山荒坡上大力营造经济特产林，到现在已拥有笋竹两用林4万亩，板栗2万亩，茶园7000亩，香榧5000亩，水果5000亩，因而成为"浙江省板栗之乡""绍兴市名茶之乡"。同时，斯宅至今仍然保留着浓郁的原始风貌，村落分散，人口稀少，无工业企

业，环境污染极少，终年空气清新，溪水清澈，鸟语花香，气候宜人。因此，斯宅一定是今后备受游客青睐的绿色旅游的理想场所。

第二，东白山高山湿地自然保护区是绍兴第一个省级自然保护区，以主峰高为1194.6米的东白山为核心区域，总面积5071.5公顷。湿地位于海拔千米处的北面阴坡，俗称仙女岔，据浙江大学专家考证，像这样的高山湿地在全省很少见，其价值尤为珍贵。浙江林学院李根友教授等来此考察后发现，这里主要生长萱草、灯芯草、菰和假鼠妇草等四种植物，并在附近发现国家级保护植物——浙江七子花和香果树，还有许多人们很难见到的奇花异草，一致认为这里是一个珍稀动植物种子资源库。

在斯宅的入口处，放眼远望，高耸的大坝犹如长龙横卧，安静地守护着蓄水量达1.16亿立方米的人工湖——东白湖，这里湖岛相接，水天相连，微风吹过，碧波荡漾，松涛低啸，竹影摇曳，景色极为秀美。湖区拥有大量野生植物与陆生野生动物，其中不乏南方红豆杉、浙江樟、穿山甲、鸳鸯等珍稀动植物，特别是每年入秋以后，成百上千只鸳鸯在湖内栖息，更形成一道亮丽的风景线。

第三，斯宅除了拥有自然景观外，更为珍贵的是拥有一处珍藏、呵护200多年，价值无可估量的人文资源——第五批全国重点文保单位的斯宅古建筑民居群。斯宅古建筑民居群最早建于清代嘉庆年间，至今保存完好的尚有14处单体，面积多在3000平方米以上，最大的超过1.2万平方米，总面积达到5万平方米。该建筑群不同于江南其他民居，类似于客家围屋建筑，享有"江南巨宅"之美誉，尤其是镶嵌在梁柱、门窗、墙壁上的木雕、砖雕、石雕等"三雕"饰品，题材广泛、寓意深刻、形象生动、典雅细腻、精美绝伦，堪称民间艺术瑰宝。

以上列举的仅仅是众多景观中的主要部分，诸如狮子岩、象鼻山、清凉寺、柳仙殿、摩崖石刻等自然景观和人文古迹数不胜数，而神话传说和民间艺术更是不胜枚举。在斯宅周边，大大小小、特色不一的风景区星罗棋布，嵊州的百丈飞瀑景区、诸暨的西岩峡谷景区开发正酣，浣江—五泄风景名胜区已被国务院公布为第四批重点风景名胜区，这在绍兴市还是第一家。因此，人们完全可以通过资源整合、优势互补，把分散的景区联合起来，扩大旅游圈，拉长旅游链，以此实现做大做强的目标。

（二）斯宅古村落旅游业开发的措施

1.创新理念，营造良好的发展与服务环境

第一，强化当地村民对旅游行业的了解，邀请村民参与古村落旅游文化建设。斯盛居俗称"千柱屋"，是斯宅古村落中最气势恢宏的建筑，它由门额镌刻的文字"于斯为盛"而得名，寓有斯氏长盛之意，具有很高的开发价值。根据国家颁布的相关法律，如《中华人民共和国环境保护法》《中华人民共和国文物保护法》等，政府应依照斯宅古村落的发展现状，结合当地风土人情，联合当地村民共同制订古村落开发计划。在此基础上，村民可以发挥村落主人翁精神，积极参与古村落文化的开发，并行使自己的合法权益。

第二，许诺村民可以自主经营文化产业。古村落保护利用应与历史文化遗产、古村落文化乐园活动结合。做好古村落的开发利用工作，首先要建立规划、住建、旅游、文物部门和所在乡镇政府统筹协调、会商联动机制，探索市场化运作机制，进一步明确政府、市场、个人的责任与权利。在统一斯宅古村落文化开发的大前提下，村民可以自主经营旅游特色产业，如提供开放式民居、制作具有当地特色的手工艺术品进行销售、开设农家乐菜馆等，让斯宅古村落结合现代化生产，开发特色农耕文明，让游客体会古村落古朴的民族风情，村民也可在古村落文化开发中行使自己的合法权利。

第三，给予原住村民一定的经济补贴。斯宅古村落的民居多属村民私人所有，一些房主需改善居住条件，但缺乏修缮保护老房的动力和能力，想异地建新房却因土地指标限制难以如愿。在产权不变的情况下，政府又不宜在

古村落房屋修缮保护上越俎代庖、大包大揽。对此，可以给予村民一定的经济补助，从政府专项资金和古村落保护开发收益中拨款，对古村落房屋修缮保护予以补助，古村落居民则以所拥有的古建筑入股，参与古村落保护与利用，所得收益的一部分再用于古建筑修缮保护，从而改善村民生活。只有村民日常生活得到保障，村民才能有更多的精力从事斯宅古村落文化保护工作。针对斯宅古村落旅游开发，应该将一部分收益给予村民，让村民通过旅游业赚取一定收入。此外，旅游行业的开发也可以从鼓励村民开办农家乐、兜售旅游商品入手，从根本上带动古村落经济发展，强化村民的主人翁意识，最大限度地开发旅游资源。

不论是旅游行业还是其他行业，凡是激化生态效益与经济效益之间的矛盾，以环境破坏发展起来的经济优势，必不是可持续发展的。为此，我们应该推行可以实现环境资源永续利用和经济可持续发展的旅游经济，增强旅游经济的发展后劲，只讲利用不讲保护必然破坏环境资源，最终影响、阻碍经济发展。因此，在古村落文化利用过程中必须用发展的眼光，用科学的规划，统筹环境资源与经济开发的关系，做到动中有静，开放中有封闭，既不闭关自守，也不过度开发，将环境资源的利用控制在一个合理范围之内。

具体而言，在保护自然生态环境方面，重点做好地形地貌、自然山体和林木植被的保护，继续实施绿化造林、退耕还林，禁止采伐森林、开垦超坡山地，扩大森林覆盖面。禁止在风景区内和公路两侧开山采石，整治河道污染，保护水环境，严格控制建设，拆除核心区内有碍观瞻的建筑等。在古民居建筑群的保护上加大力度，对症下药，建立保护小组，制定保护制度，落实保护措施，配备保护设施，同时抓紧进行抢救性维修，通过人防与技防的结合，使古民居建筑保持完好。

2.精心规划，在起点上赢得主动与成功

实践证明，凡是开发成功的景区必有一个高起点的规划，只要规划做得

好，开发就成功了一半，因此规划是龙头，是基础。通过规划，挖掘各种自然文化资源的观赏审美价值以及深刻的文化内涵，将它们合并成一个自然风化和人文沉淀并存的多元化深层次旅游项目。为此，政府在进行规划时，要组织专家学者进行充分论证，把脉定向，并按照国际、国内标准，由高资质的规划部门完成，力保高起点、高质量、高品位。《斯宅历史文化村镇保护与整治详细规划》分为修建性详细规划与控制性详细规划两部分。

第一，规划范围。自斯宅村（螽斯畈）东北於菟岭开始，沿上林溪延伸至新上泉村（上泉）藤器厂西侧，总面积约91公顷。其中，修建性详细规划范围从斯宅村（螽斯畈）东北侧的於菟岭开始，沿上林溪延伸至樟畈南侧溪为界，面积55.65公顷（含山体面积14.59公顷）；控制性规划范围为新上泉村（上泉），面积49.94公顷。

第二，规划定位。以保持传统居住功能为主，体现地方传统大型建筑和村镇山水格局特色，建设环境优美、风貌统一、内涵丰富的浙江省省级历史文化村镇，以及以农业、历史文化和自然生态观光休闲旅游为主导的诸暨市东南部重要观光休闲旅游区。

第三，规划框架。按"一溪、两廊、五区、十点"布局："一溪"指上林溪，作为整个斯宅历史文化村镇中的纵向景观轴；"两廊"指文化遗产廊道和生态景观廊道；"五区"指村落公共中心区（以上泉自然村为中心，长远规划为集中控制周边地域的公共服务设施）、综合服务区（下门前畈—华国公别墅，建设导游中心和接待服务设施）、民俗文化体验区（下门前畈—新谭家，开展民风民俗展览、家庭手工业制作、艺术工作室、农耕体验、亲水活动）、家族文化展示区（发祥居—斯盛居，进行宗祠文化活动、民居建筑艺术欣赏、名人历史展览、书画创作品茗休闲）、传统街肆服务区（棋盘街区域，恢复老店名号，营造传统商业氛围，改建地方特色小客栈、小旅馆、小餐饮）；"十点"指华国公别墅、下门前畈、小洋房、上门前畈、棋盘街、斯民小学、新谭家、发祥居、斯盛居、笔峰书院十个主要控制节点。

第四，特色参观休憩线路。包括学风艺术感知线路、乡土建筑品鉴线路、生态田园体验线路等三条线路。

第五，保护与整治。采用"5+3"模式，即以风貌、风土、风光、风俗、风物为内容的"五风"整治，以物境、情境、意境为内容的"三境"营造。具体分三块保护整治，即文物建筑、保护建筑、历史建筑、风貌协调建筑、风貌不协调建筑等村落建筑的保护与整治，乡土田园景观、古树名木、人工构筑物等乡土景观及人文环境的保护与整治，地域性原生植物、森林景观植被、水环境等自然生态环境的保护。

第六，综合治理。综合治理村落外部环境卫生；修建游步道体系；对重点文保单位、历史建筑进行修缮，做好主要节点建筑的内外部环境治理和参观内容布展；启动三线整治、沿街沿溪立面整改和入口服务中心建设；深入挖掘文化内涵，进行广泛的宣传推介，逐步打响旅游品牌，提高知名度。

3.抓住重点，加速推动旅游产业的发展

斯宅旅游业的发展关键在于抓住培育龙头企业、扩大宣传营销、加快招商引资等三个重点环节，应有的放矢地加以突破。

第一，积极培育龙头企业。众所周知，发展主导产业必须依托龙头企业的支撑，因为龙头企业具有极强的辐射力、影响力、带动力，培育龙头企业是斯宅发展旅游产业的关键环节和首要任务。为此，需要按照现代企业制度要求，利用市场机制，通过资本经营，加快建立龙头企业的步伐，使龙头企业在景点开发、宣传营销、市场开拓、旅游接待、产品加工等主业上发挥重要作用，带动其他行业或企业进入旅游开发领域，集中力量做大做强这一产业。

第二，加大宣传营销力度。有了好的旅游产品仅是成功的一半，宣传营销是建设旅游主导产业的重要组成部分。在宣传营销活动中，具体可以运用四种方式：利用各种传媒进行宣传；深入客源市场，与客户进行面对面的推介；积极参加国家和省市旅游部门举办的各种旅游产品交易会、联谊会、发

布会、博览会；主动参与区域旅游合作，与市内、省内风景名胜区"攀亲结缘"，走联合之路。在宣传营销中重视发挥龙头企业的主导作用，不仅能够克服政府在宣传营销中的局限性，还能克服旅游企业开发客源市场的盲目性和随意性。

第三，加快招商引资步伐。资金问题是制约斯宅旅游业发展的瓶颈，因为斯宅作为经济欠发达山区，经济基础薄弱，仅能满足生存和发展的基本需要，根本无力解决资金难题。所以，利用社会资金兴办旅游产业是一条必走之路。因此，要以市场为导向，以利益为动力，建立招商引资机制，制定出台优惠政策，坚持"谁投资，谁受益"原则，全方位地吸纳外部资金参与旅游开发。

第二节　张家界古村落文化的历史变迁

一、社会转型与文化变迁

（一）社会转型

"社会转型"一词最早出自西方。西方社会学和现代化理论将其表述为"social transformation"，而"转型"实则为社会学理论研究对生物学概念的一种借用，特指一个物种转变成另一个物种。西方社会学家最初提出这一概念是用于描述社会结构具有进化或演化的意义。

"转型"通常指传统原型社会的规范结构向"发展逻辑"的更深层次的演化。转型并不一定是社会结构由低向高的一种演变，并不一定是社会的进化状态。①

———————————

①向妮嫔.社会转型期的村落文化变迁研究[D].吉首：吉首大学，2015：22-31.

在我国，关于社会转型看法分为三种：第一，社会转型主要指社会体制上的转变，具体指我国计划经济体制转变为市场经济体制；第二，社会转型主要指社会结构上的变动，具体指人们的生产生活方式、行为习惯以及人的思想观念、价值体系等，将出现明显改变；第三，社会转型是社会形态的变迁，具体指社会由传统过渡到现代，由封闭逐渐走向开放，由农业逐渐向工业和服务业发展所带来的改变和发展。

关于社会转型的概念有多重视角，若从广阔的文化视野看，社会转型可以理解为"文化转型"，指在社会生活所有领域的各种变化，包括社会生活的各个方面，以及在此过程中带来的社会制度和人们思想观念方面的深刻变化。

可见，社会转型会涉及社会各领域的全面改革和变化。社会转型在一定程度上必将促使文化发生变迁，而文化变迁，特别是有前瞻性的社会思潮和文化创新，常常是社会发生转型的催化剂，起到引领作用。因此，社会转型与文化变迁是一种互动互促的关系。此处所指的社会转型期指的是进入21世纪以来的社会结构变动，主要涵盖阶层结构、城乡结构、人口结构、就业结构、区域结构、社会组织结构等方面的发展变化和趋势，即21世纪以来社会结构变动下的村落文化变迁情况。

（二）文化变迁

文化的一个非常重要的研究领域就是文化变迁。民族文化一直存在文化变迁的现象，这是社会文化发展的一种常态。文化之所以会发生变迁，有很多原因，如宏观的社会环境影响、国家政治因素影响、经济发展影响、民族群体影响、不同民族文化的交流融合等，都会使文化发生变迁。

文化变迁的本质是文化发生改变。在这种情况下，文化的表现形式、文化的内容、文化的结构都会出现一定程度的变化。一个民族或者一个群体的文化在和其他文化产生交流，或者自身文化在进行传播时都会发生变化。文化的变化和原有的文化基础融合而形成新的文化，就是文化的变迁过程。在文化变迁过程中，可能是文化体系内部发生变迁，如增加新的文化元素或者替换某些旧的文化元素；也有可能是文化体系发生整体变迁，如文化融合。因此，文化变迁是由文化变动导致的不协调向文化协调推进的转变。

在人类学诞生之初，研究者着重研究了文化以及文化变迁，他们试图从文化的变迁过程中寻找文化的规律性，阐释文化发展具有的普遍性。对文化变迁的研究涉及文化内容、文化形式、文化结构以及其他方面的因素。

文化在发展过程中和其他文化接触，文化自身的传播、创新以及积累都会导致文化发生变迁。在文化变迁过程中，因为文化的适应性，可能会出现文化形式发展落后于文化内容发展的情况。造成文化变迁的原因主要有生物原因、地理原因、心理原因、文化传播方式的原因以及文化工业发展的原因等。当前，我国社会正处于转型发展的关键期，村落文化也在发生文化变迁，主要从传统向现代化发展。村落文化的变迁既有文化内部原因影响，也有外部因素影响。因此，在分析村落文化变迁时，可以使用文化变迁理论。

二、古村落文化历史变迁的研究意义

如今，全球经济正在向一体化发展，在这样的环境下，人们的生活方式、思想观念受到极大影响。越是在这样的环境下，越应该继承和发扬我国优秀的传统文化，展现文化自觉性。目前，我国社会正在向现代化转型，很多乡村为了实现城镇化建设，开发出很多资源，投入很多现代化设施，使得乡村中原有的生态环境受到一定程度破坏，乡村的原有文化因此发生变迁，有的甚至直接走向灭亡。

中国社会的本质属于村落型社会，中国文化中有很大一部分文化是村落文化，村落文化的形成受到特定历史、特定社会因素的影响，是在人们长期实践过程中逐渐形成并被传承下来的。我国村落文化的形成离不开我国发展的历史背景，无论是从民族精神的模式论角度出发，还是从文化的功能主义角度出发，进行分析后都会得出文化和历史背景有关联的结论。因此，村落

文化是我国社会发展必然出现的一种文化形态，支持着我国农村社会的变迁和发展。

村落文化是我国传统文化的浓缩和集聚，是我国传统文化不可分割的重要部分，助推农村经济快速发展。因此，有必要激发传统村落文化的发展潜力，通过文化实现村落凝聚。外在社会环境的变化会导致文化发生变迁，我国社会经历了多次转型，在转型过程中，村落文化具体发生了哪些变化，是哪些原因导致村落文化发生变化，变化之后的村落文化具体表现现状是什么，如何实现村落文化未来向好的方向发展，如何建设有特色的村落文化，如何通过文化促进社会发展，如何实现文化更好地发展等问题，都需要详细思考。

当今，我国社会正在转型，在这个过程中，外在的环境必然会影响村落文化的发展，村落文化内在的影响因素也会影响村落的发展，从而使村落一直处于文化变迁过程中。正确认识村落文化发展，准确把握变迁方向，有助于人们在社会转型期间更好地建设村落文化，发挥村落文化的重要作用。古村落文化历史变迁的研究意义主要包含以下两方面内容：

一方面，研究具有学术价值。聚落指人们衣食住行所在的区域。在现代社会中，聚落主要分为城市聚落和乡村聚落两种类型，我国学者目前对聚落的研究主要针对的是城市聚落，探讨的文化也是城市文化。例如，关于城市聚落中的地理方面、生态方面、建筑方面等，已经形成丰富的研究成果。相比而言，对乡村聚落的研究明显不足，无论是对地理、建筑的研究还是对生态的研究都比较滞后。但是，我国人口以乡村人口居多，聚落的研究现状和我国人口的分布不相符，相比之下，村落的地理和文化更具有特殊性。所以，研究人员应该注重对村落文化的研究，深入研究我国村落文化发展和社会转型之间的关系，研究村落文化发生变迁的主要原因，研究村落文化未来的传承和发展。深入研究村落文化将有利于我国村落文化未来更好地发展，有利于形成村落文化方面的研究理论。因为理论的形成能够更好地指导村落发展。

另一方面，研究具有现实意义。乡村文化主要依赖于村落的存在，并且诞生于村落中。村落文化代表的是某一个地区内的居民长久积累下来的生活习惯、思想信仰、民俗习惯、价值观念等，文化涉及当地居民的意识，影响当地居民的举止行为，村落文化既创造出物质成果，也创造出精神成果。村落文化在发展和传承过程中也经历了变迁。村落文化具体表现为村落中居民在进行选择时遵循的道理、相信的信仰、遵循的民俗等，有的村落还形成固定的经济关系、仪式形式、家族制度以及地方性制度等。

在当今社会环境下，村落文化面临文化保护和文化发展的双重矛盾，如果要解决这一矛盾，需要制定符合时代发展的、能够保护和传承当前村落文化的发展措施。湖南省张家界市永定区王家坪镇石堰坪村是我国建设的第一批古村落，该村落建筑古朴、保存完整，而且具有丰富的民族文化。该村落的历史比较悠久，是我国吊脚楼村落中保存最好的村寨之一。因此，接下来将以石堰坪村为探讨对象，分析张家界地区古老村落文化的发展变迁。

三、张家界石堰坪村落文化的变迁

（一）石堰坪村的村貌变迁

石堰坪村最初是一个比较偏远、闭塞的山村，村民过着自给自足、以农业为主的生活，经济形式主要是自然经济，社会经济发展比较滞后。21世纪初，我国开始大力开展传统村落的现代化建设工作，至此，石堰坪村有了巨大的发展变化。村落中最明显的发展变化是村容村貌的变化。石堰坪村在几百年的发展历史中，经历多次变迁，从最早只有几户人家，到如今已经发展到近200户。村落比较有特色的建筑是土家吊脚楼，在开展村落保护建设工作之后，石堰坪村的村落环境、交通状况、卫生设施等方面都有了很大的改善。

步入21世纪以来，石堰坪村无论是结构、人口还是就业，都发生了很大

变化，村落中的硬件设施不断建设和完善，为石堰坪村的现代化发展打下了坚实基础。在环境改善之后，石堰坪村开始土家民俗文化的保护和发扬工作，对土家吊脚楼进行修整，重新修缮屋顶、屋檐，对吊脚楼的柱子重新粉刷桐油，这些措施有效地保护了土家吊脚楼。此外，石堰坪村还组建了民间艺术表演队伍，发扬土家传统文化，重点挖掘村落中流传下来的农耕文化，如草把龙灯、求雨、糊仓等都重新得到发展。

（二）石堰坪村衣食住行的变迁

1.服饰的变迁

石堰坪村中的居民主要是土家族，他们的服饰变迁主要包括样式、材料、颜色等方面的变化，变化主要受到村落生产水平、社会织染工艺水平以及文化思想水平影响。

21世纪之后，村民的服饰已经完全实现汉化，村民开始追赶时代潮流，从市场购买服装，基本不再使用自加工的方式制作服饰，日常生活中会根据需求和喜好添置衣物，以往只有过年才买新衣的习俗基本不复存在。

2.饮食的变迁

石堰坪村居民在饮食方面和传统的汉族基本相同，每日三餐，如果忙碌也可以简化成两餐。从中华人民共和国成立到改革开放之前，石堰坪村居民主食以杂粮为主，如苞谷饭、红薯饭、芸豆饭等。近年来，村落发生变化，人们的主食也发生了改变，现在主要吃炒米、粑粑等杂粮，配菜主要是腊肉和豆制品，口味偏酸辣。

石堰坪村的土家人喜欢自己腌酸菜或者腌咸菜，经常食用豆制品，如常见的豆腐、豆腐乳等。土家族在过年或者过节时会将腌制的腊肉、香肠等拿出来招待客人，这是他们的经典食品。

我国实行改革开放政策之后，社会生产力得到极大提升，人民的生活水平有了明显提高，石堰坪村村民的消费水平也在不断提高，除了会食用自己生产和制作的土茯苓茶和锅巴粥之外，也会购买啤酒、果汁等消费品，并且这些消费品逐渐成为村民饭桌的主流食物。尤其是近年来，村民的饮食观念发生变化，正在从传统转向现代，在吃饱的基础上更加注重食品的营养和卫生安全。

3.村民居住建筑的变迁

石堰坪村土家吊脚楼是独特的非物质文化遗产，具有悠久的历史，具有独特魅力。由于地理原因，石堰坪村对外交通不便，村民很难修建新的房屋，使得村落一直保持原有的生态和风貌，建筑基本没有受到现代化建设影响。简言之，石堰坪村是研究土家族建筑的最佳选择。如今，石堰坪村依然保存着很多吊脚楼。吊脚楼主要是两层结构的，也有三层结构的，楼梯本身是木制的。吊脚楼之所以有多层结构，是因为土家族人喜欢群居。很多吊脚楼依靠山体而建，方向一般是坐东朝西、坐北朝南、坐西朝北。

然而，经济的发展逐渐改变了土家族人的居住方式。目前，石堰坪村居民主要居住的是以砖瓦材质为主的房屋。

（三）农事习俗的变迁

石堰坪村的农事习俗文化极其丰富，有薅草锣鼓、扬叉舞、糊仓等农事歌舞和农耕文化活动，农耕文化代代相传。其中，"糊仓""扬叉舞"是村民每年都会开展的群众性农耕文化活动，是当地土家族居民区别于其他居民的根本性活动，是原汁原味的原生态文化。

薅草锣鼓是指村民在薅草时一边打锣鼓，一边歌唱。薅草锣鼓是土家农耕文化的经典，是土家人激励劳动干劲、加快劳动速度、提高劳动效率的田间地头的表演形式。土家人在挖茶垄、锄草等劳动过程中，通常以"打锣

鼓"的方式提高效率。旧时，大凡农忙时节，逢耕种除草等较粗放的劳动，主人都时兴喊帮工。薅草锣鼓通常由两个人组成，一般是一男一女搭配，一人敲锣，一人击鼓，锣应鼓点，锣鼓间歇，歌声即起。击鼓者主唱，敲锣者帮腔，或轮流对唱，或一人一段，相互对答，其他劳动者以"哦嗬"帮腔，形成你追我赶的劳动场面。

扬叉是土家族人翻晒作物秸秆的农具，是从山中林木自然生成的丫杈截取的，用于打草，翻晒豆类、荞麦等农作物秸秆。扬叉舞是土家农耕文化中的即兴表演舞蹈。在石堰坪村，当土家人完成一年一度的收获以后，家家户户都会对稻草进行摔打以除尘等，为耕牛储备过冬饲料。此时，大家相互帮工，欢聚在一起，男男女女手持扬叉（打草工具），喊着劳动号子，跳起欢快热烈的喜庆舞蹈。扬叉舞一般无音乐伴奏，舞蹈动作粗犷，意在表现土家族男人骁勇敦厚的性格和女人勤劳质朴的美德，展现土家人祈神祈福、渴望美好生活的愿望和喜庆丰收的欢悦情怀。

石堰坪村的民俗文化极其丰富，除极富特色的土家农事习俗外，还有山歌对唱、草把龙灯、太平歌、摆手舞、铜铃舞、花灯等民族歌舞文化活动，这些文化历史悠久、世代相传，人人都能参与，个个都能传唱。除了民族歌舞文化活动，"黑菩萨"仪式也在石堰坪村流传至今。

（四）思想观念的变迁

村容村貌的变化，衣食住行水平的提高，都足以说明在社会转型过程中，人们的生活越来越好，人们越来越幸福，无论是经济、环境还是卫生，都在向更好的方向转变。例如，村里的道路已经实现硬化，从不方便的泥土路变成更便捷干净的水泥路，环境建设促进村民环境保护意识的增强，环境变化也影响人们的生产生活习惯，人们更愿意维护村落的卫生环境。

在社会主义新农村建设之下，国家无论是在政策方面还是在资金上，都对村落环境建设提供了支持，乡村基础工作做得比较完善。例如，村里基本用上统一的自来水，统一供电，村民和外界的交流沟通已经没有障碍。外面的生活方式、生产方式、消费方式也影响村民的生活，市场经济也加快了村民生活方式的转变，村民的市场意识得到提升，有了商品观念，逐渐改变了以往自给自足的生活状态，人们更喜欢以交易的方式到商店购买需要的物品。很多村民在了解了村外生活之后，选择出去务工，特别是年轻人，更容易受到外面世界的吸引。务工给村民带来了更多收入，收入的提高也使他们的生活得到改善，消费观念发生变化。

在社会转型期间，自石堰坪村发展以来形成的礼仪和风俗基本没有变化，很多习俗仍在延续。但是有的习俗也受到社会现代化影响，如婚丧嫁娶的习俗发生了非常大的变化，以往比较繁杂、隆重的结婚程序、订婚程序有所简化。

习俗发生变化的原因是村内人员流动较大，村民出去务工后，城市的生活方式对他们的影响逐渐加大，使他们的婚丧嫁娶观念逐渐发生改变。

四、社会转型期村落文化传承发展的思考

（一）村落文化传承与发展的价值

石堰坪村的发展和创新需要依赖土家族民俗文化。石堰坪村是我国南方原始部落中保存得比较好的土家部落之一，是我国首批传统村落之一。在2013年，石堰坪村被国务院正式定为全国重点文物保护单位，同一年又被选为我国美丽乡村的创建试点。石堰坪村地处张家界市，张家界旅游业的快速发展使石堰坪村渐渐被人们关注。石堰坪村是非物质文化遗产之一，地方政府对石堰坪村进行了有效地保护和开发，使石堰坪村成为张家界地区民俗旅游的首选。

目前，我国乡村城镇化的脚步越来越快，但是依旧存在部分地区不重视民族文化，不发展、不传承民族文化的现象。相比之下，石堰坪村大力发展传统优秀文化的做法，既保证了文化的继承和发扬，又保障了村落内居民的

安居乐业。这种做法既符合我国文化发展的政策要求，也符合村民当前发展的物质需求，在满足村民的精神发展需求的同时，间接地提升了石堰坪村整体的文化软实力。

（二）村落文化传承与发展的建议

1.培养村落文化传承人

要发展优秀的民俗文化，需要培养能够继承、发扬民族文化的优秀人才。因此，民俗文化人才的培养可以从以下四个方面出发：

首先，保护目前的民俗文化传承人。调查了解目前各类民俗文化的传承现状，对有传承人的民族文化应该做出有效保护，对传承人进行资助，利用社会力量，如媒体记录传承人的手艺和民族技艺，向社会宣传，提高传承人的社会地位，加强传承人传承民族文化的责任，激发传承人传承文化的动力。

其次，发展民间自发组织的艺术表演队伍，需要社会给予鼓励和支持。政府应该对村民自发组织的表演队伍给予帮扶，可以为其提供艺术表演的舞台，创造艺术的交流渠道，打造富有地方特色、有深厚功底，能够扎根在村寨中服务村民的本地区文化队伍。

再次，在学校开展民俗文化课。要继承地区特色民俗文化，需要从青少年抓起。石堰坪村目前针对五年级以上的学生设置了民俗课，且民俗课的效果非常明显。虽然以学生目前的年纪并不能完全理解舞蹈和歌曲的具体含义，但是学校的教育能够让他们认识到民俗文化发展的重要性，能够让他们树立保护民俗文化的意识，能够让他们在行动中自觉发扬传统的民俗文化。

最后，设置民俗文化培训班。通过培训班的开设，为民俗文化的继承培养更多传承人，还可以为文化的传承者提供一定的生活帮助，为他们解决后顾之忧，保证他们工作的积极性。

2.保护现有文化

村落文化的具体保护范围、保护对象需要明确，石堰坪村中的土家族吊脚楼、有关民俗的建筑以及其他自然风景都是保护重点，需要制定保护条例，以便日常工作的开展。除此之外，还要注重立法和执法的力度。

一方面，要保护土家村寨的吊脚楼。村委会在改建房屋时，为了避免大量开支，只修葺屋子的房顶两头以及屋子的门面，让房屋保持古色古香的风格，让建筑和本村的特色文化相匹配。但是，在石堰坪村中也有一些村民要将吊脚楼改造成更适合居住的青砖瓦房。村委会为了保护土家吊脚楼，禁止吊脚楼的拆除，同时为村民的房屋修建提供其他补助政策。村民可以选择在村内的其他地方重新修建房子，村委会将其他地方划为村民的新宅基地，给村民一定补偿。村委会还会在原有土家吊脚楼的旁边修建新的吊脚楼，弥补原有吊脚楼的不足，让吊脚楼古色古香的建筑风格更浓郁。

另一方面，要保护土家民俗文化。土家民俗文化的保护建立在村落设施完善的基础上。基础设施是民俗文化保护的坚实后盾，民俗文化保护主要针对非物质文化保护，如组建民间表演团队，发扬土家族传统的扬叉舞、山歌、寿歌、喜歌、太平歌、渔鼓等。不仅如此，还要挖掘出以前流传下来的农耕文化，重新组织策划草把龙灯、求雨、糊仓、薅草锣鼓等活动。

3.实施民俗文化旅游

石堰坪村在传承文化的同时，把文化和旅游相结合，制作与文化相关的旅游产品，发展与文化、民俗相关的旅游项目；还和当地其他旅游项目展开合作，如把石堰坪村旅游和张家界旅游结合，在张家界的旅游线路中加入石堰坪村等。除此之外，还可以通过新媒体进行线上文化推广。需要注意的是，这些方案实施的前提是便利的交通，让游客能够方便地来到村落，体验村落民俗。

第三节 徽州古村落的水口文化功能与价值

一、村落防卫与边界标识

徽州水口作为徽州村落的"灵魂",承担了重要角色,人们赋予了水口多重意义,使其功能更加多元化。徽州古村落在历史长河中能够逐步发展成为聚族而居的封建宗族社会,主要是受历史上大规模的中原士家大族南迁的影响。

徽州村落四周连绵起伏的山脉和环绕的水系严密地守护徽州村落,村庄仅以水口作为通往外界的关隘,且水口周围地势险要狭小,再辅以林木、奇石、建筑物等作为遮掩,形成绝佳的防卫屏障。可见,险要的地势可以有效防御外敌入侵,成为村民绝佳的避难场所。此外,四周环绕的水流既保证了村民的日常用水,也可以作为村落与外界之间的屏障,起到加强防卫的作用。

正因为水口是村落的第一道屏障,所以水口具有界定村落范围和极佳的导向作用。通常,水口也作为村落的入口处和导向的起点。徽州人视水口为徽州村落内外的界限,一旦进入水口,便意味着进入了村庄。通常,徽州的各氏宗族都对自己的村落领域严加防守,尤其是对掌握村落风水命脉的水口,更是视其为神圣不可侵犯的领地,外族人一律不得私自进入。因此,作为村落防卫与边界标识,水口是徽州村民建设的最初目的,也是水口自身所具备的基本功用。[1]

---

① 王婷.徽州古村落的水口文化研究[D].合肥:安徽大学,2014:21-31.

二、调适个体精神生活

因为徽州人把水口作为村落的风水命脉，所以水口倾注了徽州先辈始祖对其宗族命运及后世发展的美好期盼，象征着村民的命运兴衰、旦夕祸福，并随着村落历史的发展被逐步神圣化。

对于徽州人而言，水口有着非比寻常的意义，除了具有防御、边界功能之外，还被赋予多重精神象征等功能，对村落群体关系起到社会整合和维系作用。徽州人相信，水口是全村人命运兴衰的象征，水口周围重要的景观也被人们赋予神圣意义。例如，牌坊群一类具有深刻精神教化作用的水口建筑景观被赋予多元的象征意义，不仅具有很高的艺术欣赏价值，也含有极具代表性的徽州文化内涵，极度宣扬传统社会时期徽州人的道德和价值观念。这些都是徽州村落精神和徽州人共同追求朴素价值观的具体体现。

三、适用于社会生产

水口作为村落水系的总枢纽，自身具备为村民日常生产生活提供服务的条件。徽州人充分利用水口的特点，使水口具备社会生产中的实用功能。

徽州人在建造村落水系的过程中，通常会对水口进行农业生产方面的改造。历史上，徽州许多的古村落，如呈坎、宏村等，都有大规模开渠引水、兴修水利的举措，形成全村完整的用水格局。

徽州人通常把水口改造成小型的水利工程设施，然后在水口周围扩建，形成一定规模的水环境。针对山涧水流落差较大的现象，在水口周围垒筑堤坝，开凿水渠，以抬高水口的水位，控制水量，并利用水流带动水车、水碾、水碓、米舂等工具，并将水口与村内农业灌溉的水利设施相连接，方便居民的日常生产生活。此外，水利设施不仅方便村民劳作，还对水口周围进行了布局，便于人们日常生活。

从水口引水入村，不仅解决了村内用水难题，还调节了村落的生存环

境，使被重山环绕、阻隔的山村保持良好的空气湿度。

水口的社会实用功能还体现在抵御洪涝、防治火灾等方面。很多徽州的古村落都形成了良好的防火、防洪用水体系，保障村民的日常生活。

四、提供村落公共生活与交流的人文空间

作为向村民自由开放的区域，水口周围开阔的土地成为宗族首领或发迹回乡的徽商兴修土木、打造大型园林的必选之地。水口园林的建造为全村居民提供了服务，使徽州园林在历史上率先具有公共园林的性质，成为村民生活休闲的聚集地，与江南地区的私家住宅园林有着很大不同。因此，水口为徽州古村落民众的社会交往与休闲娱乐提供了公共平台和空间。

水口园林中严密的水口林给村民带来了冬暖夏凉的气候，周围的亭、台、楼、阁与绿树、青草一起构成赏心悦目的村口景观，村民在茶余饭后会来此散步、游玩，或在亭阁里下棋、品茗，或在石凳、草坪上咏答唱和，呈现出一派安乐、祥和的气氛。

水口园林是徽州村落中的公共绿地，除了被徽州人赋予各种特殊的文化寓意之外，还为村民提供村落休闲、娱乐的公共活动场所，与众多民俗事项互动，为全村人共享。例如，西溪高阳桥上的廊房现已改成茶室，伴有戏剧表演和"茶道"表演，不失为村民一个极佳的听戏、品茗之地，瞻淇"大庙"前的水口也成为古村落中街巷系统的节点，在村民日常生产生活中发挥重要作用。

五、保护当地生态环境

受"天人合一"的中国古代哲学思想影响，徽州人十分珍惜生态环境，这对于保护和维持良好的生态人居空间具有重要的意义和作用，徽州人无时无刻不在追寻这种理想的居住空间。在徽州古村落，几乎处处都能看到这种观念的印迹，大到徽州村落的宏观布局，小到民居的精雕细琢，无不强调人

与自然的平衡、和谐，这种思想也深深地印刻在徽州古村落的村落文化和村落精神中，是古时人们对于天地万物和谐共处的一种理性共识。

在徽州，"天人合一"的理想居所基本上是在营造风水的基础上实现的。在修建土木之前，徽州人会请懂得风水的人勘察和筛选地址，目的是使自己的居住环境顺应风水，与周围的自然环境相协调。徽州人相信人与自然界中万物的命运息息相关，如果破坏了自然界，自己的命运、前程同样会受到影响。这种顺应自然并且有分寸地改造与利用大自然的思想，在无形中也是对古村落自然环境的保护，因而徽州人将人与自然和谐共生做到了完美的统一。

在徽州人心中，古村落的水口是村落风水的命脉，水口已经和自己的生命联系在一起。水口为徽州文化提供了一个有利于保存古村落传统居住环境的堡垒。皖南山区保护水口的地方性政策较多，人们把水口林木看作是护卫村落安全的重要屏障。徽州村民极为重视对水口的保护，很多村落都订立了保护水口林的乡规民约，约束村民自觉地维护并保护村落水口。

在徽州村落，人们可以看见徽州人在山脚、池塘或树林边竖立"放生池""养生池""禁山碑""封山林"等刻有族规乡约的石碑。例如，《善和乡志》卷二《风水说》中记载："重立议约，声明前言，俾各家爱护四周山水，培植竹木以为庇荫……凡居是乡者，当自思省悟前人之规，悟以往之失，载瞻载顾，勿剪勿伐，保全风水，以为千百世之悠悠之业，不可违约，违约者并力讼于官而重罚之。"从中可体现出徽州人找到了保全千秋基业稳固的根源，即保护山水树木。族规乡约的建立对教化村民、改善乡俗发挥了重要作用，对水口自然环境的保护起到良好保障作用。此外，婺源县的"杀猪封山""生子植树"等传统习俗也在不同层面上保护了徽州古村落的生态自然环境。

总之，水口自身具备的功能虽然正在逐步转变甚至消失，但在过去特定的历史、文化空间内，水口在徽州村民的生产生活实践中具有十分重要的价值和意义。

第四节　中国古村落群吴文化的保护与利用

一、古村落群吴文化的保护研究

（一）古村落群的保护——以苏州为例

苏州的古村聚落富集程度以及历史文化遗存数量在国内是极为罕见的，具有较高的历史文化价值。古村落是几千年乡土农耕文脉传承延续的"文化之根"及重要物质载体。古村落资源在苏州太湖高密度富集，蕴含着十分旺盛的各种形态历史文化、乡土文化的"文化基因"，形成浓重的古村落乡土文化氛围，构成独特的苏州太湖古村落乡土文化圈。因此，以宏观的角度对古村落群进行保护，可以更加系统、完善地保留古村落的文化内涵。

1.古村落集群式整体的保护

苏州古村落群中的11处古村落在空间分布上较为集聚，村落与村落之间关系密切，由于古时交通不便，古村落处于相对密闭的地理空间内，形成共同的生活理念以及行为方式。又由于自然环境的分割，11个古村落中的文化既存在相似性，也具有差异性，这种文化差异性恰恰能够成为不同村落文化之间的互补，所以应当把11个古村落作为一个统一整体，从区域角度把古村落当作一个群体进行保护。

随着现代化的发展，基础设施的建设越加完善，交通越来越便利，古村落之间的联系更为密切，文化的融合程度越来越高。另外，古村落周边的自然环境是古村落先民生活生产的重要地区，也是古村落文化的重要载体，应将其纳入共同保护范围。因此，对古村落群文化的保护必须从整体上对古村

落中体现文化的所有文化载体、文化生存与生长空间进行保护；将古村落群作为一个整体，纳入统一的保护体系中；通过资源共享与重组，统筹古村落文化发展品牌，构建苏州古村落乡土文化圈，提升古村落整体的文化形象。[①]

2.古村落群功能分区的保护

苏州古村落群中的11个古村落所蕴含的文化，虽然具有相似性，但在一定程度上还有差异，各个村落中的文化主体也不同。在古村落群的整体保护基础上，依据不同村落的文化内涵及功能结构，构建不同的保护分区，将古村落群中丰富的文化资源细分到不同的区域中，这些分区可能自成体系，但彼此之间相互连接，通过将古村落群中的文化内涵化繁为简，使其更容易保护。依据古村落群中古村落的地理空间分布以及文化的相似性，对古村落群进行功能区划分。依据区位关系及文化性，对苏州古村落群进行组合分区，在整体性保护基础上对古村落群进行功能区的划分保护，注重村落之间的相互关系，更好地保护古村落的整体面貌。

（二）古村落个体的保护

古村落群历史文化绵延至今，村落始建沿革有序，具有丰富的人文历史沉淀，在较为封闭的生活空间历史沿革中，现今依然保留着较为完整的格局和环境风貌；古村落作为农民生活生产的聚落，是蕴含丰富的农耕文明历史遗迹和文化信息的生活文化圈，是社会、政治、经济、文化和日常人文元素的有机交融。所以，古村落的保护涵盖古村落历史文化遗存、文化环境等各个方面的保护。

1.古村落的分区保护

针对古村落的保护需要划定区域，即核心保护区、建设控制区以及环境

---

① 张玉柱.苏州古村落群吴文化保护与利用研究[D].苏州：苏州科技大学，2014：39-73.

协调区，通过对不同分区的控制，对古村落进行合理保护。其中，对核心保护区必须进行严格控制，尽可能保护古村落的历史原貌，核心保护区内不得进行新建、扩建等一系列可能造成古村落景观破坏的活动；在古村落核心保护区内进行翻建、改建、修缮、装饰活动，都应与古村落历史面貌相协调；设置标识、临街广告等，应当符合古村落保护规划要求，并报有关部门批准。建设控制区内的修建性活动，需要根据保护要求进行严格控制，经有关部门批准，在古村落建设控制区内新建、翻建、改建、扩建房屋，其色调、体量、高度、形式等应当符合古村落整体风貌要求，并保证古村落核心保护区轮廓线和主要视线走廊不受影响。环境协调区内的所有建设活动应上报规划部门，批准、审核后方能进行。①

对古村落的分区保护是在严格控制古村落建设内容的基础上，对古村落的整体进行保护，环境协调区以内是古村落整体辐射的范围，是古村落生活体系理念展示的整体空间。因此，对核心保护区、建设控制区、环境协调区应当一视同仁，严格控制每个区的保护标准与保护内容。

2.古村落的保护类型

针对古村落的保护状况，可分为全面保护型、多中心保护型、节点保护型以及再生保护型四种。

（1）全面保护型。全面保护型指历史风貌保存较为完整，历史遗存保留较好的古村落，苏州古村落群中的古村落大多属于这一类型。这类古村落无论是文化空间、历史风貌，还是景观环境等，都需要进行整体全面保护。一方面，需要保护其完整的村落文化空间格局，不允许改变原有的功能、形式及周边景观特性，且不允许随意改变原有的环境设施；对核心文化空间内建筑高度有一定要求，以不破坏古村落内核心文化空间的视觉通廊为宜。另一方面，对古村落内的村落面貌进行严格保护，保护古建筑、牌楼等的完整性

———————————
①曹国新.文化古村落：一类重要而特殊的旅游资源[J].江西社会科学，2003（9）：202-205.

及历史性，对于已经损坏的建筑予以修缮，而破坏较为严重的建筑，可以选择性部分修缮。

（2）多中心保护型。多中心保护型古村落空间格局基本完整，结构清晰，历史文化遗存比较丰富，但是由于历史变迁或人为等原因，完整的村落形态被分割成片区。因此，在保护时采用多中心保护方式，对现存较为完整、历史价值较高的片区进行分别保护，对每个片区内古建筑及其周边环境进行严格保护，对片区周边建筑根据对片区历史风貌的影响程度予以整治或拆除，新建建筑内容、形式、布局、体量应与片区内历史风貌相协调。

（3）节点保护型。节点保护型指古村落本体空间基本已经破坏，历史遗存碎片化，而单点散落存在的古村落，如后埠、植里等。进行保护的要求关注历史遗存本体及周边环境，按照文物保护要求对本体和周边进行保护控制。

（4）再生保护型。再生保护指古村落内部空间格局基本被破坏，原有的历史风貌已不存在，古建筑等历史遗存保护质量较差，对该类古村落应当通过挖掘古村落的文化基因，在其原生态的乡野风貌基础上开发建设，以现代化的手段，对古村落进行改造更新，以低碳、生态、可持续等与古村落发展相契合的理念，将文化基因注入开发建设中，恢复原有村落格局，使其文化空间再生，对建筑物进行修复更新，最大限度地保护古村落的历史风貌。

3.村民参与环境整治

随着现代化发展，原有的村落条件已不能满足现代村民的生活需求，村民为改善自身居住条件及生活质量，在古村落内随意新建、翻建与古村落历史风貌不和谐的各类建筑物，大量现代建材的使用破坏了村落的古风古貌，对古村落保护造成内部压力。

古村落历史风貌的保护离不开村民的力量，政府要提高村民对古村落文化的认知以及保护古村落文化肌理的意识，使村民了解自身行为对古村落文

化景观产生的重要影响。村民在追求合理物质生活的同时，应当将古村落文化保护放在首位，在对村落景观进行改造时，应充分尊重古村落的生态特征，在保护基础上进行有机更新，避免对古村落文化景观及村落肌理产生负面影响；对于已经建成，与村落文化景观相悖的建筑物、构筑物，村民需要配合当地政府予以更新改造，甚至拆除，以保护古村落的历史原貌①。

（三）古村落文化元素的保护

1.建筑文化的保护

古建筑的营造以"人"为中心，尊重人的生活方式；以吴文化传承为理念，传承浓郁的吴文化与传统村落文化；古村落建筑的营建技艺反映中国传统的哲学观以及浓郁的吴文化，而且古村落群中古建筑的雕刻不仅展示古村落人民精湛的技艺，更体现古建筑的艺术价值。因此，对古村落中建筑文化的保护，除保护古建筑本身之外，还需要注重保护古建筑承载的非物质文化遗产，如建筑的营建技艺，古建筑的精神价值所反映的社会制度、民俗等传统历史文化。

（1）古建筑的分级保护。由于古村落群中古建筑数量较多，进行全面性保护和维修需要大量的人力、财力，显然在施行上有一定困难。针对这种情况，可以对古村落群进行分级保护，针对不同级别的古建筑制定相应的保护措施，对国家级文物保护单位进行重点保护，并对其划定保护范围和保护区域，区域内不得建设与古建筑风貌相悖的建筑物、构筑物；对于省级文物保护单位、市级文物保护单位及控制保护单位，也需要按照相应标准进行保护，且按照等级的高低进行分期分批次保护，循序渐进，最终达到全面保护的目的。

（2）古建筑的活态保护。古建筑的活态保护是指将古村落中的古建筑与人一起进行保护，鼓励村民继续居住在古宅中，使古建筑在持续利用中得到

---

①曹国新.文化古村落：一类重要而特殊的旅游资源[J].江西社会科学，2003（9）：202-205.

更好的保护。对于古建筑的保护，把人留在古建筑里是最好的保护方法，在某种程度上，古建筑应用的社会价值，只有原住居民仍居住在内才能最大化地保留，从而保护古建筑。

古建筑建设时代较早，内部基础设施不够完善，不能满足现代人的日常生活需求，要把人留住，一方面需要完善古建筑内部的基础设施；另一方面需要政府出台政策，对仍选择居住在古建筑里的居民给予一定经济补偿，或在古村落开发过程中给予他们一定股份，提高他们的积极性，使他们愿意居住在老宅中，把古建筑和人一起加以保护，留存古建筑，也留住古建筑里的居民，使古建筑最大限度地得到保护。

（3）古建筑营建技艺的数字化保护。利用数字多媒体手段对古建筑营建技艺进行研究和建档，根据其营建技艺特点，记录并演示古建筑的结构、用材、建造技法、工艺流程、营建法式以及居住习俗对古建筑营建的影响等，从而使古村落中古建筑的营造技艺更好地保存和展示，得以更好传承。

利用现代数字技术，一方面将古建筑设计手稿、本体照片、数字影像、效果图片等以数字化格式编辑处理。随着多媒体的发展，可用虚拟技术再现古建筑实时的历史地理信息，以较为直观的方式呈现给大众。另一方面，利用多媒体技术模拟实地场景、虚拟建模以及场景协调等，对古建筑的营建方式以及技艺使用、生产方式进行真实再现，建立多种格式并存的多媒体数据库和数字博物馆，在多媒体数据和数字博物馆的基础上，利用多媒体形式，整合古建筑营建技艺信息，借助数字集成、虚拟技术，打破场所空间限制，通过网络环境展示、传播和利用古村落古建筑的营建技艺，实现资源共享和利用，从而达到古村落古建筑营建技艺保护和传承的目的。

（4）古建筑营建技艺人才培养。古建筑营建技艺人才的培养，首先，要形成共识，即古建筑营建专业人才是精美建筑的主角，他们的技艺和智慧才是古建筑产生的基础，只有达成这种共识，古建筑营建技艺传承者才能拥有一定的社会地位，才会使更多的人投入古建筑营建技艺学习中。其次，创新

制度，通过社会制度更多地关注和扶持古建筑营建技艺人才，给予古建筑专业人才较高的社会地位及提高他们的经济收益。再次，要为古建筑营建以及古建筑技艺的传承提供社会条件，避免无序竞争，对古建筑的决策、规划、设计、施工、验收各个程序严格把关，使专业人才人尽其用，避免非专业人才滥竽充数，破坏市场秩序；通过保护高标准、规划高标准、施工高标准的"三高"要求，使古村落中对古建筑的保护、修复成为专业人才的用武之地。最后，也是最重要的一点，加强教育，扩大人才队伍，政府扶持促进企业与大专类院校合作，以及开办专业类学校等机构，通过教研和实践的紧密结合，为古建筑营建技艺传承培育具有较高文化素质、道德素质、技术素质的人才。

2.民俗文化的保护

民俗是活态的文化基因库，代表民族智慧，无论是传统手工技艺，还是乡里民俗或传统节庆，无不暗含人与自然的和谐关系。苏州古村落群既有吴文化的地域背景，又与宋朝南渡历史的渊源极深，并且受到太湖特有文脉的影响，在饮食起居、工艺审美、节庆礼仪等方面形成自身特点，并表现出可贵的原真性，极具保护价值。

（1）多元主体联动保护。多元主体联动保护是指实现政府、村民、旅游机构和专业人才四者联动保护。政府要在总体规划、发展及政策上，科学引导民俗资源保护，组织对东、西山地区民俗文化资源做全面调查和分类评价，有层次、有重点、有秩序地开展保护工作，整合民俗资源，协调保护，既突出各地各村的特色，又避免不必要的重复，凝练地方民俗特色和文化内涵，对民俗文化资源做出筛选，取其精华，保护和利用高品位资源，弘扬和展现吴地文化的精髓与魅力，杜绝庸俗化，避免在同化和恶性竞争的过程中随波逐流，应因势利导，因地制宜，依据系统规划，整体保有古朴民风和独特风情，各村各区寓个性、特色于共性和发展中。

（2）村民自觉性保护。通过村民参与，形成以群众性保护为主与专业部门重点保护为辅的保护机制。民俗文化是一种群体文化，载体主要是人，民俗文化是以村民行为与活动表现出来的，因此，保护民俗文化应当寄托于古村落村民本身，通过发展民俗旅游活动，提高村民对民俗文化的认识，塑造民俗文化的新功能，使民俗文化保护的紧迫性、必要性为村民所理解，村民才会把保护民俗文化变成普遍的自觉行动。对于文化价值较高的民俗活动，应在村民普遍保护的前提下，依靠政府专业部门的力量，凭借技术和资金方面的优势，实施重点保护。

（3）利用经济杠杆保护。在市场经济发展中，对于古村落群民俗文化的保护，政府及有关部门不是通过行政手段进行干预，而是顺应市场化的大背景，利用多样性的经济手段，对利用民俗文化开展旅游的活动进行调节和控制。在对民俗文化的保护中，可以利用经济杠杆手段对民俗文化环境进行保护，政府应当发挥主导作用，把控开发企业或个人的介入，针对民俗文化保护实施相应策略，对民俗文化环境保护提供财政补贴、信贷优惠等策略，通过制定民俗文化资源使用税，建立民俗文化环境保护基金。对非从事民俗文化旅游开发的单位或个人所造成的对民俗文化环境的破坏行为应处以罚款，使民俗文化环境得到更好的保护，进而保护古村落的民俗文化。

3.生活体系的保护

古村落自古人杰地灵、人才辈出，当地村民多为名人后裔，可谓诗书传家，这对古村落村民的生活有着极其深刻的影响；名人效应所带来的潜移默化的影响也是形成古村落生活体系的重要因素。因此，对古村落生活体系的保护应当从村民原真性的生产生活方式来进行。

一方面是村民生活真实性的保护。首先，新消费理念引导村民原真性生活。古村落村民原真性的生活方式是古村落文化传承和发展的重要形式，也是古村落生活体系形成的重要因素，对古村落文化的开发和利用有着极大价值。随着旅游业的发展，文化消费、体验消费已经成为现代人重要的消费方

式，古村落拥有良好的旅游基础，在旅游开发的推动下，古村落村民的生活方式由于蕴含丰富的文化内涵以及具有可体验性，已经成为古村落重要的旅游资源，是游客对古村落进行原真性认知以及感受文化魅力的重要因素。因此，让村民认识到自身生活方式存在的价值，让他们意识到在新的消费理念引导下，这种价值可以在古村落旅游开发中为他们带来经济收益，增加收入。而且在旅游开发过程中，村民生活方式的融入会增添古村落的活力。村民积极参与古村落开发，并自觉地保护古村落原真性的生活方式，促使古村落生活体系得以更好地延续。

其次，民风民俗的原真性保护。在古村落群生活体系的保护以及古村落文化的传承中，民俗文化的建设是核心。民俗是在村民日常生活中形成并传承下来的，民俗活动的恢复必然离不开村民，通过恢复和抢救传统的民俗文化，普及民俗文化的核心价值观，通过宣传传播民俗文化知识，形成强大的文化凝聚力，使村民在思想认识上提高对民俗文化保护的积极性。以市场可接受的方式开展民俗活动，让村民感受到古村落民俗的恢复带来的经济利益，给予村民参与民俗恢复的动力，使民俗切实成为古村落村民的活动，从而更好地保护和传承古村落的民俗文化。

另一方面是村民生产活动原生态的保护。村民是古村落文化的主体力量，村民的行为对古村落文化的传承有直接影响。农业生产活动是古村落村民基本的生产方式，是古村落文化必不可少的一部分，倡导村民参与农耕渔猎等生产性活动，是古村落文化传承的重要内容。在对古村落文化的保护中，古朴的农事情调是古村落文化的载体，也是维持古村落生活体系的重要因素，还是维系田园风光与旅游开发的基石。丰富的文化内涵有利于提高旅游品位，使休闲农业与古村落旅游成为村民多渠道转移就业，增加收入的契机，从而更好地使村民参与古村落的农业生产活动。村民通过从事农业活动参与文化传承，政府通过经济扶持以及传统农业转型，倡导村民参与农耕渔猎活动，活跃古村落中的文化氛围。以古村落原有的农业生产活动作为经济来源，通过经济扶持和旅游开发等手段，以农业转型为动力，提高村民的经济收入，从而把村民留在古村落中，以维系良好的古村落生活系统，进一步促进古村落文化的保护与传承。

二、古村落群吴文化的利用研究

（一）景观环境的利用

1.旅游开发

景观环境是古村落生长的自然基底，是古村落文化衍生与发展的重要因素，也是古村落旅游得以开展的基础。对古村落文化的利用研究，需要考虑古村落周边环境对古村落文化的影响。古村落旅游的开发必须结合古村落周边的自然环境进行统一开发，才能使古村落文化的利用有一个良好的环境基础。

现代旅游中，观光游仍然是旅游的基本形式，苏州古村落群孕育于生态优美、湖光山色的太湖之畔，得天独厚的自然山水与优越的地理位置营造了景色极佳、环境宜人的居住环境，呈现闲逸恬静的自然田园风貌，是观光旅游的胜地。苏州古村落利用优美的景观环境，结合古村落文化，打造出优美的湖岛观光游，让游客感受优美的田园风光,并结合时下较为流行的旅游方式，借助优美的古村落自然环境规划路线，为背包行走和自行车骑行的游客提供良好的环境，使游客可以在游览中享受自然、感受历史、传承文化。[①]

2.工程项目

建设古村落文化遗产廊道工程，遗产廊道是一个与生态廊道相对应的概念，是一种拥有特殊文化资源集合的线性景观。遗产廊道结合蓬勃发展的旅

---

① 翟泽华，邵秀英，郇超.国内古村落旅游研究热点与展望[J].生产力研究，2020（2）：153-156.

游业而形成，是针对遗产廊道上的节点进行文化资源及文化空间的再利用，以及对娱乐设施、自然环境的改善，在遗产廊道上设置明显的经济中心，以方便旅游者的各种活动。另外，遗产廊道串联各个村落的道路，应当对道路两侧景观予以改善，对相关道路、旅游景观等予以完善，除打造特色的文化景观外，配备完善的、具有一定规模的基础服务设施，将遗产廊道组织成为可游、可憩、可赏、可体验的线性文化景观，保存古村落的盎然古意及文化特色。

（二）建筑文化的利用

古建筑是古村落中物质文化的主要载体，是古村落的灵魂；建筑文化是古村落文化体系的重要组成。古建筑是古村落开发的重要资源，古建筑的利用传承是发扬建筑文化的重要手段。

1.旅游开发

古建筑作为一种旅游资源，对其利用主要有两个方面：一方面是对建筑本体的利用；另一方面是对古建筑营建技艺的利用。结合古村落旅游的开发，针对古建筑设计一系列旅游产品，在增加古村落旅游经济收益的同时，更好地传承古村落的建筑文化。

（1）营建技艺的利用。古建筑的营建技艺极具观赏性、科考性、艺术性。旅游开发对它的利用，首先考虑将其作为观光资源，将古村落群中所有的古建筑作为资源点，形成普适性的建筑技艺观光旅游方式，吸引喜爱建筑观光的旅游者。其次，选取古村落群中具有代表性的古建筑作为载体，建立古村落古建筑营建技艺博物馆，除展示古建筑本身高超的营建技艺外，还将展示古村落群中具有较高价值的作品。最后，加强与国内外古建筑营建技艺门派的技术交流，提升古村落群营建技艺的形象与价值，传承和发扬苏州古村落古建筑的营建技艺。

（2）古建筑本体的更新利用。对古村落群建筑文化进行旅游方式的利用，融合体验与参与，让游客体验古村落特有的文化气息与古建筑精湛的营建技艺，参与古村落特有的传统活动与古民居的传统生活等。对古建筑进行合理的内部改造，将新功能融入其中，开发成为精品酒店、商务会所，既增加古建筑的利用率，也可以在使用中更好地保护古建筑。

（3）古建筑修学利用。与相应的建筑与艺术类专业院校合作，开展古建筑修学游，将古村落群作为修学基地，在相关院校开办古村落群建筑营建技艺相关专业，为古建筑营建及修复培养人才，并且使传统的营建技艺得到传承与创新。开拓科考修学市场，形成专题修学旅游，针对中小学生、高校艺术专业学生、专家学者等不同人群进行专项修学旅游项目设计，通过与有关院校联合设立实习基地、教育基地、劳动基地等，建立较为固定的联系。

2.产业开发

古村落中遗留下大量的建筑及工艺作品，是传承其手工艺术的重要媒介。传承手工技艺不应仅停留在技艺的口传身教层面，还应结合当下市场化背景，将古村落中古建筑的营建技艺进行市场化操作，依据市场需求，将传统技术与现代科技相结合，进行技术创新，研发特色产品，扩大规模，将传统的手工技艺进行产业化开发，拓宽产业渠道；通过多元化的方式进入市场，组织专业的技术团队，在为古村落、古建筑的保护和修复提供技术支撑基础上，定制生产各类古建筑构件，同时为全国各地的古建筑修复提供服务支持，开办技艺培训学校，培养古村落手工技艺传承的后备力量。另外，将手工技艺与其他产业相结合，开展高端消费者批量生产或定制精美家具及艺术品服务等，还可以将手工技艺融合到餐饮产业中，将手工技艺运用到菜品的美化装饰里。

3.工程项目

建设古村落群建筑营建技艺传承示范村。例如，苏州古村落群建筑精

美，形式多样，蕴含丰富的文化；建筑内部木雕、砖雕、石雕等雕刻技术精湛，艺术价值极高，是吴文化的一种体现要素。此外，吴文化的体现不仅局限于苏州古城，单从苏州古城谈吴地文化是不全面的，还应该包括吴地古镇文化及古村落文化。因此，吴文化的传承应当将苏州古村落传承的文化纳入其中，而苏州古村落群的古建筑则很好地诠释了文化传承的脉络，其中古村落建筑的营建技艺如同文化传承的活化石，同样是对于吴文化的一种解读。因此，建设太湖古村落建筑营建技艺传承示范村，展现吴文化在古村落中的传承，能够使更多的人更全面地了解吴文化。

（三）民俗文化的利用

民俗文化蕴含着极其丰富的社会内容，是一个地区、一个民族悠久历史文化发展的结晶。地方特色和民俗特色是旅游资源开发的灵魂，具有独特性与不可替代性，而且民俗活动的可参与性较强，将其作为旅游资源进行开发利用具有明显优势。古村落中，民俗文化是村民在日常生产生活中形成的一种社会行为习惯，是构成村民生活的重要内容，也是古村落文化体系的核心组成。因此，在苏州古村落群吴文化的利用中，民俗文化的充分利用和传承对古村落文化影响极大。

1.旅游开发

民俗文化作为旅游资源得到开发利用，丰富了古村落旅游的内容。民俗涉及古村落村民生活的诸多方面，涵盖村民吃、住、行、游、娱、购等，与旅游业六要素相契合。而且民俗文化是古村落特有的生活方式、民风习俗，可以满足现代旅游者"求新、求奇、求乐、求知"的心理需求。因此，将民俗文化以旅游方式进行利用，能够推动古村落旅游的深层次发展。另外，民俗活动的可参与性较强，具有群众性的特征，能够拉近旅游地与游客的心理距离。

总之，民俗文化能够很好地促进旅游业的开发。民俗文化通过旅游开发利用，能够促进当地村民对民俗文化保护的自觉性和主动性，也使历史悠久的民俗工艺得以延续而不至于消逝，使民俗文化更好地得到保护和传承。民俗文化作为旅游资源进行开发利用的主流模式主要有三种：

（1）静态利用——古村落民俗文化博物馆。静态开发主要是游客以静观和踏看的方式进行游览，多采用民俗设施和陈列位形式。在苏州古村落群中，民俗文化资源众多，在古村落内的古建筑中建立古村落民俗文化博物馆，将古村落特色的民俗文化资源等进行陈列展览，运用现代科学技术，利用多媒体、影像等手段，三维立体介绍展示古村落民俗文化资源。同时，可以在博物馆内设立表演厅，定期组织民俗文化表演活动，让游客更深入地了解古村落的民俗文化。

（2）动态利用——民俗文化节庆活动。苏州古村落村民在传统节日里开展民俗活动，是展示古村落民俗文化的重要契机，春节、元宵节、中秋等都是具有特色的民俗节日，结合传统节日开展古村落民俗文化节庆活动，并形成一定规模，使游客参与或半参与特定民俗文化的活动，结合当地歌舞、饮食、曲艺、采摘和劳作，亲身感受当地风土人情。这样能够形成特色的民俗品牌，扩大宣传，提高知名度，吸引更多游客。

（3）商品开发。深度挖掘古村落民俗文化的内涵，提取其中的文化元素，开发民俗工艺品，其工艺品的开发必须坚持有特色、有文化内涵、有档次三者兼顾的原则。民俗工艺品的开发不仅能够延长旅游的价值链，还可以提升自身价值，作为当地民俗文化的宣传品，向外展示古村落群的生活艺术和审美情怀。

2.产业开发

民俗文化不仅是一种特色的文化资源，也是古村落文化的重要组成，与旅游业的提质增效密不可分。对民俗文化资源进行深度开发，是增加古村落

吸引力的重要手段，也是古村落民俗文化产业化的重要基础。民俗文化产业化是古村落民俗文化生存、发展的需要，也是传承我国民俗文化的需要。传统优秀的民俗文化如果要得以保护与传承，走产业化道路是一种明智抉择。民俗文化具有独特性与多样性，其产业化的方式也是多维的。

一方面是民俗表演的产业化。通过成立民俗表演艺术中心，使民俗表演在彩排和创作上树立精品意识，打造一流的演艺作品，在观众心中产生良好反响；打造古村落群民俗表演的品牌，并且取得民间艺术演出集团牌照，形成民俗表演产业，通过多元发展，延长演艺民俗产业链，开展古村落群民俗艺术的传授学习，组织节庆会演等项目。

另一方面是民俗服务的产业化。民俗服务指通过借用古村落民俗文化中具有服务功能的民俗资源而为现代人提供的特殊性服务，如传统的婚俗等。随着人们物质生活水平的提高，人们对精神世界的追求越来越高，更加热衷于多样化、多层次的精神文化产品。民俗文化以其独特性风格及特色的文化性，越来越受到人们的青睐。提供一场特殊的民俗服务，让人们切身体验民俗的独特，是现代人追求的一种生活方式。因此，将民俗中的服务性资源开发成为一种产业，提供一系列特色民俗服务，是民俗文化产业化的重要形式。

在古村落中，村民是民俗文化的创造者和传承者，民俗文化深深植根于村民的生产生活中。民俗文化在产业化过程中，市场机制的引导使民俗文化产业化开发与村民利益联系起来，在更深层次上挖掘民俗文化内涵，让村民得到实惠，发挥民俗文化资源优势，并使其转化为培育产业优势，从而促进古村落经济的增长。反过来，还能以经济的支持促进民俗文化保护。

3.工程项目

以苏州古村落群大型文化节项目为例。

在苏州古村落群中，乡土村落经数百年演变，历史源远流长，家族聚居和世代耕读传家遗存有深厚的文化内涵，苏州古村落群名人辈出，明月湾吴王西施文化、陆巷宰相文化、角里廉政文化，以及古村落群中商山四皓隐居文化等名人文化与名人故事数不胜数。另外，古村落中保留和传承了当地民风民俗，从物质层面和精神层面都传承了吴文化，如已被列入非物质文化遗产的碧螺春茶叶炒制技艺、东山台阁、婚俗、太湖开捕节及以太湖水产农产为原材料的船餐等，众多文化资源共同谱绘苏州古村落群悠久的文化基因谱系。苏州古村落群借助文化底蕴，开展大型文化艺术节，以文化视觉的内容做项目，以生态理念开发产业，向公众展示苏州古村落群独特的自然风光、人文景观和文化底蕴，塑造苏州古村落群对外的主题形象，通过文化节的开展，倡导保护古民居、古村落。苏州古村落群文化节的开展充分依托古村落深厚的文化底蕴，展现原汁原味的农耕、渔猎、民俗、饮食等文化，深入挖掘文化内涵，开展丰富多彩的文化活动，将文化融入文化节中，组织成为文化活动。

（四）饮食文化的利用

饮食文化指人类在日常生活中所养成的饮食行为和习惯，涵盖食物属性、制作过程及礼仪风俗等内容。无论是菜色、技艺、口味，还是时令性、文化内涵等，都代表当地饮食文化的特色。因此，对饮食文化的开发利用是传承古村落文化的重要内容。

1.旅游开发

旅游资源的开发，文化是关键要素。古村落饮食文化资源中蕴含的饮食文化背景、历史渊源、民间故事、风土人情等，代表古村落的文化传承，是具有吸引力的文化现象，如果加以开发利用，让游客边听、边看、边尝、边思，游客将真正地乐在其中。

从旅游方面来讲，特色的饮食文化与优美的自然风景或者是古朴的建筑

等具有相同的吸引力，也具有一定观赏性，还可以吸引游客品尝美食。游客之所以进行旅游活动，是因为他们需要以一种放松的方式享受生活，仅仅依靠美景或名胜等给人的视觉感知，不足以满足游客需求，他们还需要体验味觉的感知，以此获得心灵满足。旅游地的特色饮食资源、产品以及饮食文化对游客具有很强的吸引力，这些特色饮食使游客因满足口腹之欲而获得心理与精神的快感，从而提高旅游者积极体验旅游活动内容的兴致。而且地方饮食可以通过加工，以旅游产品的方式出售，供游客带回，使旅游体验感得到延长。这些饮食商品除了可以提升本身价值外，还能延伸旅游的产业链，促进旅游地饮食文化的传播，且可作为旅游地旅游宣传名片。因此，通过旅游方式对饮食文化进行利用，既可以激发当地人挖掘本地饮食文化的积极性，还能使他们更明晰地认识当地的饮食文化，从而更好地传承和发展饮食文化。

通过旅游方式对饮食文化进行利用，基本有两种形式：一种是对饮食菜系、酒、茶等进行挖掘，结合古村落旅游开发的配套服务设施，为游客提供舌尖上的美味；另一种是对极具古村落特色的饮食产品进行深加工，作为古村落旅游地的特色商品供游客购买，延长饮食文化的传播环节。

2.产业开发

饮食文化的产业化利用，通过古村落中餐饮行业的产业化实现，而餐饮的产业化是延长产业链，以餐饮业为龙头，带动种植业、养殖业等同步发展，并在生产上与关键部门融为一体。

旅游业的发展加大了市场对吃、住、行、游、娱、购等方向的需求，游客在古村落旅游中除了观光，还会根据自身需求，积极参与古村落的各种活动。以古村落饮食资源与饮食文化为基础，一方面，建设具有古村落特色的餐饮设施，满足旅游者对品质的需求，让游客感受古村落独有的饮食文化特征；另一方面，加大对古村落土特产的开发，利用独具特色的包装，让游客品尝美食之余，方便游客购买特产，广赠亲友，扩大古村落饮食文化影响力。

3.工程项目

在古村落中，饮食文化深厚，饮食资源丰富，且各个古村落中的饮食各具特色，应该充分利用古村落群中的饮食文化和丰富的饮食资源，在古村落群中选取地理位置优越、交通便利、空间开阔的古村落或周边区域，建设功能复合、业态丰富的餐饮集聚区。依据不同的古村落饮食文化特征，形成不同的餐饮特色，并融入特色的文化活动中，打造成为"可观、可赏、可品、可尝、可参与"的饮食集聚区，也可依托餐饮集聚区举办古村落美食文化节活动，以推广传承古村落的饮食文化。

（五）生活体系的利用

古村落生活体系是古村落村民精神世界的外在表现，是古村落先民在日常的生产生活中形成的一种行为约束和道德准则，主导村民的日常生活，集中体现古村落群中的隐形文化。对古村落群生活体系的利用，就是对其中隐形文化的利用与传承。

1.旅游开发

（1）名人文化的开发利用。名人旅游是现代旅游体系中的重要部分。名人具有名人效应，易形成文化品牌，名人文化资源包括有形的名人遗作遗迹及无形的名人事迹两种。在古村落的旅游开发中，文化是旅游的核心，旅游是推介古村落文化的方式，而名人是古村落文化的重要元素。名人文化资源的开发和利用将大力提升古村落文化内涵和品位，也是实现古村落生活体系文化旅游的关键环节。

名人文化品牌可以增强古村落的文化吸引力，如果对名人文化资源进

行合理利用，打响名人文化品牌，可以吸引更多的游客，带来更多的旅游收入；通过名人品牌还可以宣传古村落的旅游文化，持续促进古村落经济发展。

（2）古村落生活核心价值的开发利用。古村落之所以能够成为一个完整且相对封闭的社会生态系统，在于其村民有着共同的核心价值理念，并由此产生相同的价值观。因此，明确与开发利用古村落生活核心价值，可以更好地展现古村落村民生活内容，也能让游客拥有更好的文化体验。

（3）古村落生活理念的开发利用。对古村落生活理念的开发需要了解古村落生活理念，利用现代化技术，以养生理念为指导，体验古村落生活。

以苏州三山岛为例，三山岛作为太湖中独立的小岛，与外界基本隔绝，无纷无扰，隐逸在湖光山色中，其独特的生态性及隐逸性、隔离性是逃离烦恼与喧嚣的好去处，是为生活、为工作而身心俱疲的人们静养的好地方。在中西结合的现代养生学理论指导下，充分利用太湖古村落的自然资源和长寿养生文化资源，把三山岛打造为以养生为主，集休闲、度假、康体为一体的高品质长寿康体度假中心。

2.产业开发

古村落的生活体系是村民日常生产生活所形成的村落社会系统，传统的农业生产是村民的主要生产活动，也是构成生活体系的重要组成部分。生活体系的产业化利用需挖掘古村落中多样性的生产方式，村民的养殖、农业生产等地标性农业都能够以产业化的方式进行利用，并以此推动农业转型升级，使传统农业向服务业过渡，反过来提升古村落生活体系内涵。

在旅游业的开发推动下，以市场为导向，以经济效益为中心，加快推进苏州古村落群地标性农业的产业化发展，将农业生产、养殖等规模化，对农产品进行深加工，以工业模式对农产品进行加工生产，形成衍生产品；通过旅游开发公司进行专业化生产、一体化经营，把贸、工、农结合起来，并在市场机制引导下打造品牌，形成产、供、销一体化的经营体系；通过地标性农业的产业化发展，加快古村落农业转型，转变古村落农耕生产模式，增加农业生产经济效益，提高村民的经济收入，促使传统的生产方式与现代生活体系相联系，丰富古村落生活体系的内涵。

3.工程项目

以太湖国际垂钓基地建设为例。

从三山岛旧石器文化时代开始，渔猎已经是古代先人的重要生产方式。苏州古村落群临太湖而建，鱼类资源丰富，渔猎文化的传承发展使渔猎活动自然成为古村落先民重要的生产和生活方式，是吴文化传承中的核心文化形态。古村落先民崇尚渔猎文化，并且在通过渔猎活动与自然界的长期博弈中不断积累渔捕经验，形成和传承如开捕节等习俗和风尚，对古村落生活体系的构成具有重大影响，也对吴文化的传承起到较大作用。

太湖中，鱼种类繁多，结合现代人所钟爱的垂钓活动；依托古村落群悠久的渔猎文化，打造太湖国际垂钓基地，传承苏州古村落群的渔猎文化，并以此为吸引物，更好地对古村落文化进行利用传承。在苏州古村落群村民生产生活范围内有许多小岛屿，为建设国际垂钓场提供了广阔的地域，尤其在东村古村以北的横山、阴山、大干山、小干山群岛，地理环境优越，空间广阔，为垂钓基地的建设提供了良好的条件。依托太湖在国内的名气，以及太湖优质的自然水体环境和渔业资源，融合苏州古村落群开捕节、献头鱼等渔猎习俗，以长三角地区庞大的旅游休闲市场作为强大的客源支撑，在东村以北的横山、阴山、大干山、小干山群岛建设太湖国际垂钓基地项目，针对路亚钓、休闲钓、竞技钓、船钓等不同的垂钓方式，建设不同的垂钓区，配备高等级、国际化水平的配套服务设施，设立太湖渔猎博物馆，展览先民"棒打石击""鱼梁""梁子渔业"等渔猎方式以及各类渔猎工具，使古村落群渔文化在垂钓活动中得以传承。

第五节　中国古村落文化的传承与活化

中国古村落文化的传承与活化是一个综合性过程，需要考虑资源保护利用、政策法规制定、村民意识调动、文化主题定位、发展模式选择等问题。系统论的基本思想是把研究和处理对象看作一个整体系统对待，是一种解决综合性问题的思路。系统，即由若干要素以一定结构形式联结构成的具有某种功能的有机整体，世界上任何事物都可以看成是一个系统，系统是普遍存在的。因此，可采用系统思想研究中国古村落文化的传承与活化。

系统要素是构成系统的基本组成部分或基本单元，古村落文化的系统要素包括村落的基础设施、建筑、街巷布局、河网水系、植物资源等物质资源，民俗活动、传统技艺、饮食服饰等非物质文化资源以及村民自身等，它们是古村落文化系统最基本的组成部分和吸引点。系统结构是构成系统要素间相互联系、相互作用的方式和秩序，找到适合的方式和秩序（串联驱动模式），将村落要素联系起来，使其发挥整体大于局部的作用。系统功能是系统与环境在相互作用中表现出的能力，系统功能反映在村庄的经济发展、村民生活水平以及游客游览满意程度上，也是传承与活化的目的。系统的稳定性原理，即外界开放系统具有一定自我稳定能力，能够在一定范围内自我调节，从而保持和恢复原有的有序状态，保持和恢复原有的结构和功能。一个系统组织之所以具有受到干扰后能够迅速排除偏差，恢复到正常的稳定状态，关键在于其中的负反馈机制。建立传承与活化反馈调节机制，排除产生消极影响的因素，使古村落有序持续发展，是传承与活化的保障。

人是古村落文化的主体，古村落基础设施是村民生活的保障，无论对于村民还是游客，基本生活条件的满足是进行其他各项活动的前提，日本、德国、法国、韩国等国家的乡村建设，始终把完善基础设施、保障村民生活质量看作是重要的一环，对于古村落文化的传承与活化，更应该把基础设施建设放在首要位置。村落的历史文化等各资源要素，即村落山水格局、街巷肌理、传统建筑、民风民俗等是村落最具价值的吸引点，对要素进行整合活化，使其恢复原有活力并且焕发新的活力，是古村落文化传承与活化的基础。

在对村落各资源要素传承活化的基础上，如何将各要素有机串联，形成联动整体，发挥整体大于局部的作用，并且根据各要素特点，选择合适的发展模式，从而驱动整个古村落文化传承与活化，是其关键。经过资源要素的传承活化及要素的串联驱动，传承活化所取得的实际效果需要进一步检验，对整个体系的运转情况进行判别，建立有效的反馈机制，对缺陷不断修正，使古村落文化的传承与活化长久有效进行。

一、中国古村落基础设施的传承与活化

基础设施是为社会生产和居民生活提供公共服务的物质工程设施，是用于保证国家或地区社会经济活动正常进行的公共服务系统，包括给排水、道路交通、通信、水利工程、供电等公用设施以及能源。基础设施建设是中国古村落文化传承与活化的一个重要前提，一方面要强调古村落基础设施建设的重要性，另一方面应看到基础设施的特殊性。

（一）基础设施建设的重要性

古村落的文化特色在于其保留了很多传统元素，一些现代化基础设施建设会破坏村落的原始性、独特性。历史文化虽然是传统的，但无论是生活在其中的村民，还是前去游玩的游客，都是生活在现代化背景下的人，为其提供现代化生活保障是必要条件。

对于古村落，首先应该把它看作一个村落或一个村民生活的场所，其次

是看到它的历史文化价值。作为村民的生活场所，水电、交通、通信、医疗等基础设施的保障是必要条件。现阶段，许多村落出现空心化现象，其原因是村落的基础设施较为落后，无法满足生活需求，导致人口外流。古村落文化的传承与活化，实施的主体在于人，缺乏人的支撑，传承与活化则无从谈起。

从村落旅游发展角度来看，基础设施建设是必备条件，其中村落交通条件是重中之重，如果村落缺乏完善的交通基础，游客出入困难，旅游活动则很难展开。游客的饮食、住宿等活动，需要水电、通信等基础设施的保障。基础设施的建设关系到游客的游览体验，对于古村落文化的传承与活化十分重要。

（二）基础设施的传承与活化策略

古村落有其独特的历史价值和文化价值，其基础设施建设与改造应当与村落固有的空间肌理、空间尺度、材质色彩等保持相容或一致，与村落整体风貌相协调。基础设施可从道路空间类、管线综合类、工程设施类三个层面进行传承与活化建设。

1.道路空间类

古村落传统的交通道路与周边山水环境相联系，构成村庄的骨架脉络，是村庄格局变迁、历史演变的结果，是村庄历史文化内涵的一个重要体现。

首先，应该对村落街巷分布格局、空间尺度、传统风貌进行保护，不得开展对其造成破坏性影响的活动。

其次，村庄的对外交通道路应尽量避免穿过村庄核心区域，造成村庄整体格局的割裂。对此，交通主路应尽量环绕村庄设置。村庄停车场应尽量在村庄外围设置，并控制在合适的步行距离以内，避免在村庄内部成片设置，形成大片空旷场地，与村庄风貌不协调。

最后，村庄内部的道路材质应尽量保持原貌，修补道路应采用与当地环境相一致的材料，尽量与环境融合，减少人工现代化痕迹。

2.管线综合类

如果村落本身的给排水设施（如水井、水渠、水沟等）还发挥着较好效用，可以在保护的前提下再利用。现代化的管线（给水管、排水管、电力线、电信线、燃气管等）与古村落的传统风貌不协调，要结合实际需求，尽可能减少管线总类数量，尽量让管线入地，采取地下埋设的方式。对于某些不便埋入地下的管线，要尽量选用与环境协调的装饰材料进行掩盖。总之，管线铺设不能破坏古村落的整体文化风貌。

3.工程设施类

在古村落的基础设施建设中，需要引进工程设施场站，包括供水房、变电站、环卫设施、沼气池、街道小品设施、消防设施等，这些设施大多体量大，对村落风貌的影响较大，此类设施的选址和建设要慎重考虑。

对于大型变压器、抽水泵站等大型设施，禁止在核心区域建设，应结合实际使用情况，尽量选择离核心区较远的区域，通过外观改造、种植绿化等手段进行隐蔽，减少对村落风貌的破坏。

对于垃圾收集中转设施、消防设施、座椅、小品雕塑等中小型设施，要进行外观统一设计，使其符合山村历史文化主题，减少现代人工气息。

古村落基础设施的建设是保障村民生活、为游客创造良好体验的基础，是传承与活化的前提。古村落基础设施存在特殊性，需要在保护村落历史风貌的前提下建设。

二、中国古村落资源要素的整合与活化

中国古村落的资源要素是村落最具价值的吸引点，应通过资源分类、整

合方式进行有效传承，在此基础上，针对不同资源要素特点，采取一定活化手段，使其恢复原来的活力，并且创造新的活力，为整个村落传承与活化打下坚实基础。

（一）古村落资源要素的整合

1.古村落资源要素的整合类型

（1）山水格局。古人对于村庄选址、住宅相地十分讲究。村落选址往往以自然山水格局为导向，追求具有山水空间与意象美学的生态环境，体现天人合一的景观延续，为后期村落风貌与肌理的营造提供框架。农耕时代的村落营造，应考虑生产生活与安全格局，借自然之势，将山水作为依托，引水入村庄，以田野为前景，形成山水村田的聚落形态，再以村落为载体，将人置于内部空间，注重人与自然的和谐融合，形成人杰地灵的传统人居环境，且达到回归自然的整体村落意境。因此，山水格局与村落选址息息相关，资源整合过程应重点梳理村落选址中蕴含的山水意境。

（2）农田资源。在很长时间内，古村落村民以农耕作为主要的生产方式，农田是主要供给来源，占据村落历史文化较大比重。在当今社会背景下，在注重农田物质生产作用的同时，农田带来的景观效益不可忽视。农田景观源于人们在满足物质需要基础上为追求精神丰富、满足视觉审美而进行的长久探索，如元阳哈尼梯田（世界遗产），其空间布局为森林—村寨—农田。农田景观是劳动人民长期以来形成的一种土地情怀，是民俗文化与物质景观的碰撞，是一种固有的乡村景观资源。在资源整合中应明确历史演变过程中农田形态发生的变化，生产资料的来源以及生产方式的发展。

（3）植物资源。《阳宅会心集》中记载："于（村落）背后，左右之处有疏旷者则密植以障其空，稀薄则怯寒，过厚则苦热，此中道理，阴阳务要冲和。"《宅谱尔言·向阳宅树木》中记载："故乡野居址，树木兴则宅必旺，树木败则宅必消乏，大栾林大兴，小栾林小兴。苟不栽树如人无衣，鸟无毛，裸身露体，其保温暖者安能在欤……惟其草茂木繁，则生气旺盛，护阴地脉，斯为富贵坦局。"林木茂盛象征后世显贵发祥，是古人择村宅之首要条件。

古人在风水思想影响下，祈求子孙满堂、福寿安康、官运亨通，将树木种植在路口、村后、宅旁和坟墓周围等地方，经过多年演替生长，形成稳定植物群落，久而久之成为村寨和居宅的象征。村落中的植物景观应重点对文化底蕴深厚的风水林、古树名木进行整理，包括分类、历史意义与作用、生长年份等。

（4）空间布局。《阳宅会心集》中记载："君子营建宫室，宗庙为先，诚以祖宗发源之地，支派皆源于兹。"宗祠在中国传统村落中表现出一种轴心形式，村落大多以宗祠为中心层层拓展，宗祠不仅成为村落文化景观的焦点和醒目标志，也是村民日常活动（祭祀、诉讼、喜庆）的中心，宗祠逐渐成为村民心目中的精神文化中心。

宗祠一般处于村内交通方便之处，以宗祠为中心的道路网络，可通达村内各地。祭祀是中国古代理政的重要内容之一，庙宇也是村落的重要文化景观，宗祠布局设置具有一定空间排布特点，从而形成一种层层护卫的超现实力量行政管区，成为村民寄托希望与平安的象征场所。因此，在整合村落空间时应重点关注宗祠与庙宇空间，挖掘此类空间蕴含的文化价值，剖析村落中心位置转移或者不变的原因。

（5）街巷格局。村落街巷具有联通各个空间的作用，是村落肌理的骨架。根据道路等级不同，可将街巷分为对外道路和村内道路，不同等级的道路在村落中承担着不同作用，在街巷资源整合过程中应分析街巷结构的历史等级、功能、铺装材料以及与周边环境的协调性。

（6）河网水系。《水龙经》中记载："水积如山脉之住，水流如山脉之

动，水流动则气脉分飞，水环流则气脉凝聚。大河类干龙之形，小河乃支龙之体。"自古以来，村落选址以依山傍水为优，水在古代风水思想中有辟邪聚财的寓意，村民引水入村，在村中挖井、开渠、引溪、建池沼等，使村庄拥有完整的河网水系。在河网水系资源整合过程中，应明确村落内水井、暗渠、溪、河、池塘、湖沼等不同类型水体的数量、形成原因、历史意义与现状问题等内容。

（7）传统建筑。传统建筑是村民日常生活场所，是与村民最为亲密的物质文化资源，对于传统建筑的整合要在村民配合下，由政府及专业团队对不同类型的传统建筑进行归类，梳理建筑的平面构造、立体造型、材质色彩、内外装饰以及基于文化底蕴的原始功能；对于传统建筑的归属权与破坏度，按照标准进行分类记录，并根据实际情况进行修缮方案的制定。

（8）非物质文化资源。非物质文化资源是村落中的活态存在，是融入村民日常生活的精神层面元素，相比于物质文化资源的实体性，非物质文化资源更灵活温和，也更脆弱易逝。对非物质文化资源的整合，应先了解其形成原因、历史演化、表现形式与历史意义等，通过普查、分类、记录与归档等，将无形资源有形化与可视化，以文字符号、图像表现、影视重现和仪式活动等方式将其传承。

2.古村落资源要素的整合方法

村落资源要素的挖掘与整合是一项费时耗力的基础性工作，在实施过程中大多采用较为原始的人工统计手段，导致整合效率低下，不够全面精准，且数据更新滞后，无法监测突发情况并及时采取有效处理。针对这些问题，可以采用专家指导、村民参与、政府实施的模式，利用历史文献查阅、村民深度访谈、现场勘测等方式进行资源普查与记录。对于村落空间布局的现场勘测，可借助空间信息技术、街景技术、depthmap等现代技术手段。村落数据库的建立是整合村落资源要素的重要环节，数据库的建立可以化模糊单一为精准全面，在统筹村落整体资源的局面下进行针对性勘察，增加资源调查的广度和深度，使资源的整合过程变得主动且安全可靠，拉近公众与村落的距离。将村落资源放入数据库中，可以为政府决策提供智力支持，为专家、学者研究提供资源支持，为公众了解提供搜寻功能，公众利用手机便可了解村落的各方面信息。村落数据库提供文字、图像、影像、声音等导览模式，为后期平台建立提供信息支持。

（二）古村落资源要素的活化

1.古村落资源要素的活化原则

（1）以人为本原则。在古村落文化的保护过程中，除了要注重对历史文化的传承与活化，更应关注民生。村民是历史文化的传承者，古村落的开发要以为村民建设美好家园为出发点，提高村民生活幸福感。

（2）文化特色性原则。古村落资源要素活化应尊重文化的原真性与地域性。村落传承与活化不能忽略或脱离村落文化本身进行，而应从挖掘村落特色文化出发，使文化资源成为后期旅游活化与产业活化的吸睛点；通过文化手段发展经济并且反哺文化，做到始于文化终于文化。

（3）可行性原则。一切传承与活化的行为应以可实施为基本要求，针对不同构成要素及村落整体提出的活化策略，应具有可操作性，对于已有的资料进行可行性分析。

（4）因地制宜的原则。因地制宜，彰显特色，以物质文化丰富、非物质文化独特、自然山水优美的村落为打造重点，根据不同村落文化特点、历史内涵等制定个性化活化方案。

2.古村落资源要素的活化方法

（1）山水格局。山水格局与村落选址的传承与活化应先理清选址与周

边自然山水之间所蕴含的空间美学与风水学关系，再以自然环境为本底，统筹山水、村落与田园的趋合性，将各部分进行整体性串联，融通中国风水理念。根据历史演变与发展过程，挖掘并重现古人借山用水、巧用自然构图要素的思想，尊重并维护自然山水完整性，保护山体与林木资源，还原历史环境与山水视廊，进行山水格局与村落选址的原真性修复与宜居性活化，复归山水文化符号，重新凸显山水、村落的自然肌理。

（2）农田资源。农田景观的活化应先确定农田保护线，严禁占用农田，整理农林绿地，恢复农田原有形态与农作物的种类，以小片小簇形成规模化农林景观特色；根据地势高差关系，将农林用地分组分片，以块石垒出类似梯田的格局，根据土壤肥力，种植不同农作物，形成具有序列感、层次感的农田景观。在美丽乡村建设中，对于农耕文化的传承与活化方式多种多样，其应用形式有农田景观摄影大赛、生态田园观光、生态果园、劳作体验等。

（3）植物资源。村落中的风水林、古树名木景观有着极大的生态与文化意义，风水林、古树名木等具有重要的生态保护作用，如调节温度与湿度、净化水体、涵养水源、吸烟滞尘、改善气候等，同时还能促进风水文化、民俗文化等乡村文脉的融合与延续。古村落文化的传承与活化应将风水林、古树名木划为美丽乡村建设中的独立板块，对其进行分类并提炼其历史意义与文化价值，根据其原始功能合理规划、有效利用，在现有资源基础上，将其打造成为村落的风景林、迎宾林，形成具有一定特色的村落景观。同时，加强宣传，提高村民认识度与关注度，制定相应的法律法规，严禁对风水林、古树名木景观的破坏行为；建立档案，科学管理，进行挂牌保护与在册登记，以具有历史价值的树木为主景，做好周边景观配置，加强对大树的长期保护与监管，定期检查其生长态势，做好病虫害防治工作。除了关注风水林、古树名木等重点植物景观外，对于公共绿化与庭院绿化也应进行合理规划与活化。

（4）空间布局。村落空间的活化应以恢复并延续村落布局与整体风貌为

出发点，通过分析村落内在秩序与发展特征，深度发掘各空间的文化寓意，并在活化过程中通过传统元素与现代需求相融合的方法为村落内部注入新鲜血液，拆除与整体风貌不协调、有冲突的部分，同时处理好新旧空间的和谐共生。

（5）街巷格局。村落街巷肌理的活化应根据其历史意义与服务等级进行有效分级，以原材料、乡土材料修复还原路面，避免水泥路、柏油路等现代道路进村，连通各级道路以恢复其通达性；根据现状与未来发展趋势合理进行道路延伸，村内应以步行为主，减少现代车辆入村。对村落基于街巷原始功能并结合村民与游客需求、未来发展等进行功能的合理活化，包括交通功能、商业功能、休憩交流功能等，保证街巷空间与周边建筑、构筑物、景观等的融合度，确保照明、指示标志、景观小品等街巷构件合理搭配并注意和谐度。

（6）河网水系。河网水系的活化应追溯原始水系脉络的形态与功能，明确古人引水入村的目的，对水系脉络进行整体性修复，将线状水系、点状井与暗沟、片状水塘进行联通，以恢复其流动性，保证活水质量；通过水生植物的栽植与两岸整治，协调水网与周边景观、建筑之间的关系；利用河栏、水埠等水乡构件塑造和谐古朴的视线走廊。基于村落整体风貌，通过乡土树种的搭配，营造水乡诗境。同时，提高村民与企业的环保意识，严格控制工业废水与生活污水的无序排放，建立有效的污水处理体系，加强水污染的处理。

（7）传统建筑。村落传统建筑的活化在修旧如旧、保证美观与实用性的原则下，进行外观修复与风格延续。修复过程应在专家指导下进行，运用现代测量绘图技术对建筑群体及破损情况进行检测与统计，包括外观、材料、体量、色彩、风格、内部构造、小品、雕刻装饰等方面，运用模拟复原技术与三维可视化技术对破损部分或已消失的部分进行模型还原，适当结合性能好且高度和谐的新材料与新工艺对传统建筑进行修复加固。追寻传统建筑的

历史意义与原始功能，结合建筑类型、市场需求、村落优势资源，分析使用者需求、文化价值、空间匹配度等，激活最适宜的新功能，使建筑由单纯的静态保护转变为有人气的动态活化。借鉴两处世界文化遗产的活化案例——由土耳其棉花堡温泉遗址改造的大众洗浴温泉和由西澳大利亚英国殖民地时期女子监狱改造的青年旅馆，可将村落建筑中传统民宅改造成民宿、餐厅；带有教育意义的建筑可改造成小型博物馆、文化馆类，同时引入高质量文创工作室、研究所等对闲置建筑进行租赁。

（8）非物质文化资源。非物质文化资源的传承与活化应先明确人是承载技艺与知识的重要因素，要充分调动村民组织参与的积极性。活化的核心环节是传承人的培养，要建立完整的传承人制度体系与有效的传承机制，加强非物质文化的研究与认定工作，规范传承人的认定与申报标准，严格评选传承人，对标准、权利与义务进行明确规定，设置专门的工作基地，保证资金投入，完善奖励机制。通过定期组织开展民俗活动、邀请专家宣传演讲，进行历史重现与活态解说，编写特色教材，成立一批民间团体组织进行宣传，与高校、研究院等文化单位合作，成立长期实习、研究基地，有利于传承人的培养与非物质文化的弘扬。针对传统技艺类文化资源应提供合适且特定的制作与展示场所，还原传统技艺，制作具有文化价值与艺术价值的产品，结合旅游活化与产业活化，推出特色"定制化"旅游纪念品。根据表演类民俗活动的特点与性质，结合传统节庆节日，提供合理场所，在特定时间与特定空间组织举办特定活动。特别是对朝拜祭祀活动的举办，应结合庙宇、宗祠等特定场所，同时结合文化会展进行，增加人气与宣传，延续文化，重现历史与场所精神。

三、中国古村落文化传承与活化体系的运转

基础设施建设与各资源要素的活化为古村落文化传承与活化打下了基础。如何将各资源要素进行有效串联，发挥各资源要素的作用，驱动整个传

承与活化体系运转，是古村落文化传承与活化的关键。

（一）农业发展

古村落的有效运转离不开经济发展，农业作为村落长久以来最主要的生产方式，是村落经济发展的基础。古村落的农业发展既要遵循一般村落的发展策略，对农业生产空间进行优化布局，使农业资源发挥最大效力，也要结合古村落的特点，坚持农业产品的特色化打造和农业生产的景观化营建。

（1）农业生产空间优化布局。依托古村落的农田资源、植物资源、河网水系资源等生态资源优势，以生产空间集约高效为目标，大力发展特色优势产业，统筹集约利用村落生产空间，通过连点成线、连线成片、连片成面，将古村落的农、林、牧、渔等各生产门类进行有效配置；建立合理的农业结构，着力打造特色农业产业带，引导村落产业集聚、集约、高效发展。通过对农业生产空间的优化布局，推动村落农业发展，为村落文化传承与活化体系的运转打下坚实的基础。

（2）农业产品的特色化打造。古村落的农业发展应利用村落的宣传优势，坚持特色化发展。一方面，深入挖掘村落的农业资源特色，寻找适合村落发展的农业产品，将农产品与村落文化有效结合，打造特色的农业品牌，如"水乡鲤鱼""古镇水稻"等，将农产品与村落文化绑定，增强宣传效果，进而对农产品进行有效推广；另一方面，结合村落文化开发有关农产品的节日，打造村落特色农业文化。

（3）农业生产的景观化营建。古村落作为全域游赏景区，村落的农业生产应该考虑打造景观化。对农作物种植进行专门设计，通过颜色、形状、季节搭配等，形成具有较高美学价值的农业景观。池塘等水域空间也要充分利用，养殖鱼、鸭、青蛙等生物，种植荷花等水生植物以及生菜、葱等农作物，把生物的排泄物作为肥料，把农作物的根茎作为有机饲料，实现良性循

环。在为游客打造和谐田园景观的同时，宣传村落绿色有机农业产品。

（二）旅游发展

1.旅游发展的重要性

旅游拯救乡村是国际公认的最普遍、最有效的拯救方式之一，以旅游活化村庄的实践与研究历时最长，系统且较为规范。在现代经济体背景下，竞争产生的生活压力与快速的生活节奏使都市人身心俱疲，但同时伴随着人民生活水平的提高，选择在周末或节假日去周边乡村旅游，通过观光体验获得身心放松的方式被越来越多的人接受，因而乡村的活化离不开旅游。

相对于其他村落，古村落拥有得天独厚的资源优势，在资源有效活化和基础设施保障的基础上，通过旅游激活整个村落，是驱动古村落文化持续发展的最主要方式。古村落的旅游发展需要一些合理有效的模式，将各类资源串联组合，在保护各类资源要素的前提下，使其发挥最大的作用，能够为村民带来长久的发展利益。

2.旅游发展模式的类型划分

针对古村落山水格局、农田资源、植物资源、空间布局、街巷格局、河网水系、传统建筑等自然资源以及民俗活动、传统技艺、饮食服饰等人文资源的特点，定位村落资源特色，选择合适的旅游发展模式，从而发挥资源优势。对于驱动古村落文化传承与活化的模式不应进行限制，而应根据村落自身资源要素的特点，创造适合自身的模式类型。

（1）生态博物馆模式。生态博物馆是以博物馆形式对村落文化资源进行传承与活化，强调村落文化的整体性活态传承与辐射效应，将村落本身作为生态博物馆，使其具有博物馆的基本性质和功能。让村民作为博物馆的主人或管理者参与其中，以村落为展厅，展示已收集完整并活化完成的具有文化价值与艺术价值的村落文化资源，包括村落风貌、传统建筑、街巷肌理、民俗风情、传统技艺等内容，在专业人员与政府的支持指导下，将村落作为一种旅游资源，以其独特的地域性、文化性及艺术品形式向外界呈现。

生态博物馆模式将整个村落作为展馆，其中游客参观路径的规划尤其重要，需要将村落的传统建筑、民俗活动、饮食服饰等资源要素有机串联，根据游览侧重点的不同，划分多种类型的游线模式，满足不同游客群体的需求，发挥资源要素的最大效益。

（2）田园休闲模式。田园休闲模式主要依托山水格局、农田资源、植物资源等自然资源，将山、水、田等各要素进行整体性串联，通过视线、构图以及空间轴线等分析，打造视觉与体验效果最优的自然风情游线。通过历史环境与山水视廊的原真性活化与宜游性建设，在游线节点处引入野炊、野营、垂钓、水上娱乐等体验式项目，并提供相应设备与服务；通过对特定区域的土地进行合理划分，将小块土地承租给游客，使其直接参与农业耕作与植栽，根据面积大小、租赁时长等合理设置收费标准；以小片小簇种植形成规模化农林景观特色，增强农田、生态果园等区域的观赏性，提供采摘与耕作体验环节，利用不同节气的农田景观，举办景观摄影、写生比赛；结合当下"健康养生"热潮，以乡村独特的自然环境为优势，种植中医药类植物以及对人体有益的芳香类植物等，大力发展康养产业以吸引游客。

（3）"互联网+"模式。"互联网+"是利用信息通信技术以及互联网平台，让互联网与传统行业进行深度融合，创造一种新的发展生态。将"互联网+"模式运用到古村落文化的传承与活化中是当今发展趋势。

根据村落主题定位，宣扬村落文化特色以吸引游客，不同的传播方式往往服务于不同人群，产生不同的传播效果。随着现代科技的发展，互联网的普及度越来越高，凭借传播速度的优势，互联网逐渐取代其他传统的宣传方式。为此，要合理利用"互联网+"的宣传模式，将村落文化在互联网上进行传播。例如，通过建立村落微博、微信、公众号等方式，推广村落文化特

色；通过名人效应在直播平台宣传相关资源信息；通过技术手段，建立村落信息交流平台，集村落文化资源展示、智慧旅游、建议与意见等功能于一体，提高村落旅游宣传效果。

信息不对称是制约传统第一产业发展的因素。农产品缺乏有效的销售渠道，可以通过"互联网+"模式实现农产品线上销售，面向更多消费群体，有利于农产品的销售，有利于激活与种植业有关的农田资源、植物资源等要素的开发利用，以及与渔业有关的河网水系资源的开发利用。第二产业中手工产品、加工产品的销售也应采用"互联网+"的现代销售模式，如采用发展淘宝电商、微信代购、公众号推广等方式，将古村落文化资源要素中的手工制品、传统服装、农业加工品等进行线上推广，利用网络消费群体大的优势，提高销售量，从而促进产业发展。建立网络订票系统，包括景点门票，村庄旅馆、餐厅的预约服务。建立村落数字虚拟景观体系，利用虚拟现实技术，通过模拟超现实景观，构建村落虚拟三维立体旅游环境，使游客可以在网络游览村落，虚拟游村可激发游客对村落文化的兴趣，吸引游客前来观赏游玩。

（三）景观营造

1.景观营造的整体思路

古村落拥有相对优越的自然与人文资源，在前期对村落山水格局、农田资源、植物资源、空间布局、街巷格局、河网水系、传统建筑等资源要素整合与活化的基础上，根据各资源的特点进行景观营造，将各项资源合理串联，打造完整的村落景观体系，对村落旅游产业发展和居民生活环境改善将起到良好的促进作用。

古村落的景观营造应在顺从本地自然景观和生态格局的基础上进行合理改造。尊重场地的原有条件，古树、古桥、古道、古院落等保持原有状态，而且尽量利用具有当地特色的建材和老旧砖瓦。在充分保护原生景观的基础上，从材料、色彩、植物种类、环保和生态等方面入手，谨慎加入现代化的设计元素，体现传统与现代元素交融的美感。景观营造要结合村落的文化特色，将文化元素融入景观中，使村落具有时代特色和地方特色。

2.景观营造的一般原则

（1）整体保护原则。古村落的景观营造是一个整体性过程。村落的物质实体以及自然生态环境和非物质文化遗产都是完整体系的一部分，各景观要素是一个协调的整体，构筑一个复合的景观环境，任何一个景观要素的缺失或不协调都会影响整体的景观效果。

（2）场所性原则。古村落文化的形成经历了一个漫长的历史过程，村落的空间布局、街巷形态、建筑布局等都是历史沉淀的结果，有着独特的文化含义和场所精神。在景观营造过程前，应对场地进行充分调研，挖掘场所的文化内涵，适度保留原有场地条件，在此基础上尽可能通过新的设计对场所精神进行完整表达。

（3）生态性原则。注重景观营造的生态性，考虑环境的自然承载力，利用乡土植物进行配植，形成可持续的生态群落。

四、中国古村落文化传承与活化体系的保障

通过基础设施建设与资源要素活化，古村落文化传承与活动体系得到有效运转，为保障健康体系持续运转，需要对传承及活化成果进行反馈，及时纠正错误。

（一）旅游活动与村落居民生活矛盾的调解

在古村落文化传承与活化的过程中，游客旅游活动与当地居民的生产生活相互影响，难免产生一些矛盾；旅游业的发展产生了如环境污染、物价上

涨、交通拥堵等客观问题，以及使居民心态发生改变等问题。农村居民对旅游产业的支持意愿关系消费者对乡村旅游的最终体验。因此，调解旅游活动与村落居民生活矛盾对于古村落文化的传承与活化十分重要。

一方面，产业兴旺是实现乡村振兴战略的核心途径，只有产业蓬勃发展才能为村落带来循环性的经济繁荣，使村落居民实现可持续性的富裕生活；政府要努力为村落居民营造舒适的生活场所与生态环境。

另一方面，加强宣传教育。通过与村落居民的周期性互动交流，宣传村落旅游产业发展与政策对村落居民自身的关联影响与益处，使居民在价值观上与旅游产业发展步调一致。

（二）成果反馈体系的建立

古村落文化传承与活化的成果首先反映在村庄的经济发展、村民的生活水平上，对这些成果的评价需要村落考核监督体系的支撑。其次，游客游览满意程度也是评价成果的关键，游客游览满意度较低会限制村落发展，只有让游客拥有良好的游览体验，才能使古村落文化传承与活化工作有效进行。最后，村落历史文化特色是其区别于其他村落的主要依据，传承与活化的成果也要考虑村落文化是否得到有效宣传以及村落文化影响力是否得到提升，因此成果反馈体系的建立十分重要。

（1）村落考核监督体系。古村落应设立专门的执行机构进行相应的村落经济绩效实时评估考核与村民意见的有效反馈处理。机构成员由政府、专家代表及村民代表共同组成，考核指标体系的设定应遵守科学性与可行性原则，包括考核标准、进度把控、效益分配处理等，实行考核、监督意见与处理结果透明公开化，保证监督体系有效进行。

（2）游客反馈体系。古村落可以通过"互联网+"技术与现代信息技术的运用，建立村落信息交流平台，通过集中问卷调查或抽样调查等方式，设定相关反馈专栏，反馈内容为游客对于村落旅游体验后的实际感知量与实际

感知效应、村落后续发展的意见与建议等，定期整理、收集相关信息并在专家研究分析下进行有效处理，使村落活化处于不断完善前进的状态。

（3）文化影响力评价体系。古村落可以建立村落文化影响力评价制度，定期核对游客人数变化、文化产品销售状况、网络搜索数据变化等，侧面评价村落文化影响力的变化；进行网络知名度调查、游客问卷调查等，评价村落文化影响力水平。

第四章　日本古村落文化概论

日本古村落文化随着当地人们的活动与需求不断演变，涉及区域的布局、管理与相关组织的发展。本章通过对日本古村落的演变特征、日本古村落的条里制、日本地方自治与村落共同体、日本村落社会组织及其传统特征，论述日本古村落文化。

第一节　日本古村落的演变特征

一、城市发展

1.基础自治体的"消失"危机。

日本经历了快速城市化过程，发展阶段可以明显划分为缓慢发展的前期阶段、加速发展的中期阶段及稳定发展的后期阶段。目前，日本老龄化问题严重，人口持续减少除导致劳动力不足外，许多偏僻的聚落或城镇也因当地居民不断迁出或村民年迈逝世而面临"空城"危机。

预计到2040年，日本会有近900个市町村及特别区面临20至39岁女性人口减半的情形，这相当于有半个日本的基础自治体将面临"消失"危机。

2.市町区村的消失。

1950—1955年，日本町村数量从10246个减少至4381个；2000年之后，日本城市化再次提速，与之对应的是町村数量（人口）急剧减少。预计到2040年，日本将有896个市町区村可能消失。

二、町村合并与选择性振兴

一方面，政府顺势而为推动町村合并。町村合并的一系列结构性变化，总体而言可分为三种：①社会重心向居民生活转移，物质及精神生活双丰的民生社会亟待形成，因此町村合并是应对居民需要、丰富民众生活实感的地域再构造；②多种价值观的融合导致责任和功能分担的社会形成需求，町村合并是认同多种价值观、不同生活方式并存的持续性地域再构造；③地方自治体须在激烈的地域竞争中发挥个性及创造力，成为能够独立生存的地区。

町村合并升级为市是町村数量减少的直接原因，包括政府主导下的两次町村合并运动和町村之间自主合并。两次合并均在政府主导下开展，存在一定程度的强制性。日本政府为了保证合并过程的规范化，以法律形式制定合并规则，且不断修改和追加新的内容。在町村合并运动结束后，满足条件的地区可以依据合并标准申请町村之间合并，以此解释町村合并运动结束后仍有大量町村在继续合并的现象。针对该现象，政府顺势而为，主动降低町村升级为市的门槛，进一步促进町村发展为市。[1]

另一方面，政府选择性振兴部分町村。在町村数量急剧缩减和人口大量流失的背景下，日本政府出台一系列政策，力图振兴部分町村。但一系列的政策与举措导致其他未得到扶持的町村竞争优势下降，加快它们衰落甚至消失的速度，这是日本町村数量减少的又一重要原因。

---

[1]李亮，谈明洪.日本町村聚落演变特征分析[J].中国科学院大学学报，2020，37（06）：767-774.

第二节　日本古村落的条里制

一、藤原京的条里制

藤原京位于现在奈良县橿原市，其与日本其他古都的一个显著区别是宫城不位于都城北面，而是在都城中心，宫城北边设有市场。藤原京到底是模仿隋唐时期的长安和洛阳，还是模仿北魏洛阳，或者是直接依照《周礼》而建，一直众说纷纭，尚无定论。

藤原京之所以被认为是日本最早的正规都城，很大程度上是因为它最早进行了完整的街坊空间规划，而街坊空间规划是古代城市规划体系的一个重要组成部分。日本古都城的街坊被称为"条坊"，其条坊制模仿自中国古代的里坊制。在由城市道路（大路）框定的街坊中，东西方向各排称为"条"，数字顺序由北向南；南北方向各列称为"坊"，数字顺序由中向外，中轴线左右两侧以东西区分，如"东一坊""西一坊"；城市道路的名称也以条坊为基准。

1969年，专家考古发掘确认了藤原京内宫城"藤原宫"为边长1千米的正方形。根据藤原京的复原方案，专家认为藤原京以奈良盆地的两条古道"下之道"和"中之道"为东、西边界，宽度约2120米。

根据《大宝令》（701年实施）和《养老令》（775年实施）规定，藤原京的左京和右京各设坊令12人，坊令1人掌管4坊，因此，坊的总数是 $2 \times 4 \times 12 = 96$ 坊。岸氏的复原方案虽然总面积是 $8 \times 12 = 96$ 坊，但减去宫城后实际面积只有80坊。从藤原京和平城京的关系来看，藤原京建成16年后即迁都平城京，而平城京的面积超过岸氏复原方案3倍。在没有大规模移民入京记载的前提下，仅从城市人口规模的角度很难对这种"扩张"进行解释。

藤原京的条坊规划使用大路中线基准法，先以1500大尺（531米）的网格定出城市道路中线，然后向两侧等距画定路幅的一半，挖出侧沟，余下才是坊的面积，因此，坊的大小随着路幅的宽度不同而变化。坊四周设有坊墙（筑地），以坊墙为边界计算，坊的实际面积小于1里（500米）见方。考古发掘表明，岸俊男主张750大尺（265.50米）见方的"坊"（实际上是1/4坊），其内部很可能是以十字分割为均等的4份，可以推测，藤原京中坊的分割方式应该是以窄于大路的坊间路进行十字分割，所得的4个地块再分别以更窄的小路十字分割为4份，每份称为1町，一坊共16町。这种以地块中线为基准的十字分割方式与北魏洛阳及隋唐时期的长安和洛阳坊一样。

在宅基地分配（称为"宅地班给"）方面，用地大小是由主人的政治地位决定的。根据《养老令》中《官位令》的规定，官阶有一位至八位，每位设"正位"和"从位"（次位），八位以下为庶民。如左右大臣为从二位，管理左京的"左京大夫"为正五位，管理4个坊的坊令为初位。据记载，藤原京的宅地班给制度包括右大臣4町、四位以上2町、五位1町，六位以下根据家族人口，上户1町，中户1/2町，下户1/4町，直到庶民的1/8町、1/16町。1町的面积约合1.4万平方米，看上去分配给城市居民的宅基地相当阔绰，但当时的居住方式是大家族聚居，每"户"实际上是数个小家族的集合。另外，从出土的木简来看，藤原京的坊和町的名称使用的是如"林坊""小治町"等专有名词，而不是数字名词，与中国的里坊命名法类似。

二、平城京的条里制

平城京以唐代长安为蓝本，并继承藤原京的建设经验，其中轴线与奈良盆地的古道"下之道"一致，东边道路与"中之道"一致，城市主体部分，东西约4.3千米、南北约4.8千米，加上东北部向外凸出的外京，面积约20.6平方千米，为唐代长安的1/4。平城京与唐长安有很多共同点，如宫城在正北

面，城市以朱雀大街为中轴线，分为左右两部分；东市和西市对称布置在宫城以南等。但是在外形轮廓、宫城内部规划以及街坊形制等方面，两者有很多差异。

平城京的左京和右京是南北9条、东西4坊，东北方凸出的外京为南北4条、东西3坊。条坊规划采用的是大路中线基准法，大路中线以531米形成四方网格。最宽的朱雀大路宽82.6米，宫城南面的东西向道路"二条大路"宽50.15米，一般的大路宽23.6米或35.4米，坊间路宽5.90米。但是，在宫城正南面，朱雀大路和东西一坊大路之间的坊间路加宽到了大路的宽度，使大路中线的间距减小一半，为26.5米（900尺）；宫城东面和西面的条间路也同样进行了加宽。这种做法与唐朝长安类似，也被其后的长冈京和平安京所继承。同样，由于路幅不同，不同地段的町面积也不相同。邻接朱雀大路和二条大路的町最小，约8900平方米，而一般的大路和坊间路所限定的町约1.4万平方米，有近1倍的差异。[1]

坊内分割为东西和南北各3条坊间路，把每坊分成16份，每份是1町，面积约118米见方，这样的分割方式与藤原京的分割方式不同，强调平均分割，而传统的分割方式注重中线手法。"筑地"将平城京的坊围合起来，仅三位以上的府第大门能够直接朝向大路，普通的住宅门必须朝向坊间路

平城京采用新的方法命名坊和町，对坊进行数字命名，根据坊在竖坊和横条的位置，命名为左京某条某坊或者右京某条某坊。东市在左京8条3坊，西市在右京8条2坊；田村第是最大的王府，面积约为8个町，约半个坊的面积，在左京4条2坊。每个坊分为16个町。数字命名的方式清晰地展现住所位置，但缺乏个性化。

平城京宅基地的班给制度按照官位进行分配，与藤原京制度相似。藤原仲麻吕为太政大臣，是正一位，府邸是田村第；其次是天武天皇之孙，长屋

---

①王晖.日本古都城条坊制度的演变[J].国际城市规划，2007（01）：77-83.

王，为从二位，住宅面积约为4町；其他贵族府邸所占面积一般小于1町。贵族的宅邸位于城的北部，距离皇宫较近；平民的小住宅在城的南部，住宅一般采用板或材垣分离。

三、长冈京的条里制

长冈京作为首都的时间为10年，是年限较短的首都，但是规划却比较成熟。城市是纵向长方形，南北为5.3千米，东西为4.3千米。城内有三条河流，小川与朱雀大路平行，小泉川位于西南部，桂川位于东南部。虽然有三条河流干扰，但是街坊规划非常整齐。

长冈京的规划以严整著称，很难看出这样的格局是在较短时间建成的。城市共有68个坊，分为东西8坊和南北9条，北面正中的长冈宫约占4坊。

长冈京条坊规划变革的特点在于知道道路骨架和条坊尺度后，以"用地边界基准法"取代以往常用的"大路中线基准法"。平城京的经验教训给长冈京带来启示，使其规范宅基地的面积。平城京和藤原京在531米的网格下划分，可以理解为是进行减法操作；长冈京把大路和小路设计好，再由内向外，由部分到整体，是叠加操作，所以町的尺寸一般是整数，如35丈或者118米，道路中线的距离会受到叠加影响，有的是整数，有的不是。长冈京规划的基本尺度如下：

町：朱雀大路两侧的东西一坊中，町的东西宽度是103.25米，南北长度是118米；宫城东西两侧、一条与二条的诸坊中，町的南北长度不同，东西宽度相同，都是118米；城市其他地区町都是118米。

道路：朱雀大路宽度为70.8米，二条大路宽度为35.4米，其他的大路宽度为29.5米，坊间道路宽度为11.8米，其中东西一坊的坊间路加宽，宽度为29.5米。这是根据平城京的道路宽度设计的。

为了与平城京道路尺度相同，町的长度多为118米。长冈京的"用地边界

基准法"仍存在强制大路间距的现象。为了使东一坊大路与朱雀大路的中线间距不变，与朱雀大路相邻的坊中町东西方向的宽度比其他坊小14.75米。长冈京将路幅差距缩小，使町面积不受路幅变化影响。与平城京相比，朱雀大路缩小11.8米，变为70.8米；二条大路缩小14.75米，变为35.4米。交通主干道的路幅缩小使城市交通和景观都受到影响。

长冈京的条坊制度能够体现出规划变革后的特点，即创新的同时存在问题和矛盾。问题主要表现在町的面积要保持相同，这与道路中线间距保持严整相互矛盾，导致决策中出现很多折中现象，所以在建设平安京的构成中解决了上述问题。

长冈京与平城京都采用数字命名法命名坊和町；采用与平城京一样的制度，合理地分配宅基地，根据宅邸主人的身份，宅基地的面积最大为2町，最小为1/32町。城内格局为贵族集中在北城，普通百姓集中在南城，贵族的宅邸面积一般在1町以上，在五条北侧，紧邻宫城东侧。

四、平安京的条里制

平安京根据中国风水选择建设地址，选择与青龙、白虎、朱雀、玄武相对应的北侧高、南侧低的地方。根据《延喜式》记载，平安京南北长为5.17千米，约为5.2千米，东西长为4.4486千米，约为4.5千米，与长冈京相同。

平安京中，东西走向的道路以"某条大路"方式命名，在第几条以南则命名数字几。在南北走向的道路中，位于中央的大路名为朱雀大路，其余道路以"东某坊大路"或"西某坊大路"命名，在第几坊外则命名数字几。在街坊内部道路中，东西走向的道路为条间路，南北走向的道路为坊间路。道路命名的方法能够反映条坊制度是城市规划的前提。

平安京条坊的整体规划与长冈京相同。宫城面积为4个坊，南北为9条、东西为8坊。在细节上，平安京与长冈京存在明显不同。

平安京选用的是"边界基准法"，没有结合其他方法，每个町的大小为118米。在早期，平安京的1尺为29.84厘米。朱雀大路和二条大路的宽度与平城京相同，分别是82.6米和50.15米，其他大路一般为23.6米；只有少数几条大路为29.5米或35.4米。

平安京的规划中不追求大路的间距必须相同，大路之间的距离各不相同。如朱雀大路和大宫大路，即东一坊大路之间的距离是584.1米；大宫大路和西洞院大路，即东二坊大路之间的距离是548.7米，这样设计使町的面积不受路幅宽度影响。其余大路在长冈京中为29.5米，在平安京中为23.6米，大路间距从长冈京的536.9米变为平安京的531米，与藤原京以后的宽度相同。平安京南侧街道和町宽度的数值加在一起，决定宫城的宽度，这种设计理念是自下而上的。此外，街道和坊的命名方法也发生改变。

与前代都城相比，平安京宅基地标准变小。贵族三位以上分得的宅基地小于1町，四到五位分得的宅基地小于1/2町，六位分得的宅基地小于1/4町；普通居民分得的宅基地为1/32町，约为450平方米，为1主户。上层贵族的宅邸、官衙和其附属设施位于二条以北，也就是宫城的东侧和西侧；普通贵族和官吏的住宅位于二条和五条大路之间；普通居民的住所位于五条以南。

坊的分割方法仍然是均分为4×4=16町，由于一般城市居民只能分配到1/32町的宅基地，平安京把多数町分割为东西四列，每列称为"行"，南北八行，每行称为"门"，总称为"四行八门"。每个单元（1户主）大约东西29.5米、南北14.75米；每户通过南北向的町内小路（2.95米或4.425米）进入或者直接从坊间路（11.8米）进入。除了三位以上的官僚或者四位以上的贵族，其他人不允许直接向大路开门。

前代都城设置左、右京两个大夫，左、右京各条（4个坊）设置坊令，每坊设坊长。平安京在坊之下又把4个町作为"保"，设置保长（称"保刀祢"），加强对街坊的控制管理，形成"左右大夫—坊令—坊长—保刀祢"

的多级管理体系。

平安京在10世纪后拆除了大多数坊的坊墙，将宫城正南面每个条第一坊的坊墙保留。保留原因有两个：一个是为了确保朱雀大路的威严；另一个是为了公共设施的安全和便于管理。居住地拆除坊墙，有利于城市商业发展，使市民文化更加繁荣。更重要的原因是日本处在环太平洋地震带上，地震多发，拆除坊墙后，发生地震时有利于迅速疏散居民，确保居民安全。

以上四个都城对条坊制度继承的同时，还进行了创新和发展，从藤原京到平安京的条坊制度逐渐走向成熟与完善。

五、日本古都城条坊制度的革新

（一）共性与继承性

（1）除藤原京外，其余3个都城为南北9条、东西8坊（平城京东北有外京12坊），宫城占地均为4坊。

（2）大路中线的间距以500米为基本尺度，该尺度直接效仿中国（尤其是隋唐洛阳）的里坊制；坊基本上是正方形，分割为4×4=16町。

（3）实施严格的宅基地分配制度，按官位高低分配，一般从最上位贵族到庶民，分配4町到1/32町不等的宅基地。

（二）空间层次

在藤原京到平安京的发展过程中，条坊规划的空间层次可主要归纳为两个方面。

1.局部到整体

从"大路中线基准法"到"边界基准法"具有改革性的创新。前者是从

整体到局部，具有减法性质的规划；后者是从局部到整体，具有加法性质的规划。加法性质的规划从长冈京开始，在平安京时代逐渐成熟和完善。长冈京对规划的方式进行了创新，不追求大路中线的间距必须一致，而是先确定町的大小，即确定用地分配的基本单位，通过尺度和道路的宽度数值加和，确定城市的整体框架。这一创新使整体规划方式发生翻天覆地的变化，从局部到整体具有加法性质的规划代替从整体到局部具有减法性质的规划。但是，长冈京的变化仍存在问题和矛盾，通过缩小主干道宽度保证大路间距，既阻碍了交通，又损害了城市景观。为此，平安京首先恢复了朱雀大路和二条大路的宽度，取消对宽度的控制，又根据城市一般大路的情况，合理缩小宽度，保证町的面积为118米见方，且一般大路间距按照传统尺度规划为531米，解决了坊面一致和大路间距一致的矛盾。

2.街坊空间的均质化

街坊空间均质化的具体表现为：第一，坊和町的尺度测量标准趋向统一。第二，坊内的分割方式发生变化，以三纵三横的均分法代替大十字路加小十字路的分割方式。以前坊内道路是两个层次，后为一个层次。第三，坊和町的命名方法也发生了变化，数字命名法代替专有名词命名法，能够明确街坊位置。平安京时期完成了第一个变革，平城京时期完成了后两个变革。平安京时期采用专有名词命名法，由嵯峨天皇制定，具有历史的偶然性。

第三节　日本地方自治与村落共同体

尽管地方自治制度具有明显的官制性等局限性，并不能称为真正意义上的近代地方自治，但丝毫不影响其成为日本政治近代化的重要特征，其对日本地方制度近代化的重要影响也不言而喻。

研究日本近代地方自治制度发现，传统地方共同体，尤其是近代出现的村落共同体，在推动近代日本地方自治方面发挥出重要作用。与此同时，地方自治制度与近代日本历史的发展既存在矛盾，又存在相互推动和制约的密切联系。

从历史角度看，近代日本地方自治是德国地方自治和日本传统治理制度相融合的产物，其自治法案形成的基础是"我邦古来的自治精神"。

山县（也称自然村或部落）的本质是由原来的行政村发展成为近代的村落共同体，需要在幕藩统治下依法承担纳税责任。村落共同体的出现与深入发展主要源于生产力水平低下，人们之间往来频繁。共同生产与生活主要表现在农业生产中村民的相互协助，水利、山林等生产相关事务的共同管理与维修以及生活中的共同祭祀等。在村落共同体中，日常事务的管理者及村落与藩之间往来的带头者，俗称村方三役，即庄屋、组头和百姓代。

传统村落共同体成立之初，便与日本近代地方自治建立起密切联系，而后经历了明治维新变革期，即日本地方制度开始长期、反复的探索历程。明治维新初期正式施行府、藩、县三制，并为村级事务制定全新的管理制度，使村方三役制度得以暂时保留。

1871年政府实行废藩置县，在户籍政策上创造性地出台了大区小区制，并逐步推广到地方，成为地方行政的大区小区制。自此之后，政府打破了传统村方三役共同管理地方事务的现实，改由新设的区长、副区长、户长分管地方事务，而原来规模较小的村落共同体不再独立存在，而是被纳入新设的大区或小区管理范围。大区小区制度的制定、施行以及推广，标志着明治政府官僚统治地方的开始，从根源上彻底推翻地方自治，取消村落共同体，改设区；同时一改传统村民共同选举管理者，由政府统一指定或任命区长等官吏。随着官僚统治的逐步深入，大区小区制的地方化普及，暴露出来的征税等问题也日渐严峻，甚至一度引发村民抵抗。基于此，政府对村落共同体的态度出现了一定缓和。

在大区小区制实行的7年后，大久保利通考虑到由此产生的社会矛盾，经过商议，一致决定停用该制度，改行地方三新法。这种制度的基本特征在于公开承认日本传统村落以及地方民会，从某种意义上而言，加快了自由民权运动，促进了地方民会的发展。

随着日本近代历史的发展，自然村与行政村之间相互矛盾、相互补充的关系得到一定发展。1929年世界性经济危机全面爆发，日本农村也在经济危机的国际环境下濒临崩溃。日本政府采取了传统的家族和村落共同体机制积极应对危机，一方面积极推广家族拟制关系，另一方面不断强化村落共同体制度。农家共同作业和共同利用成为农家组合的强制要求。

自然村与行政村是近代日本两大主要村落共同体，行政村成立的目的在于满足某种政治需要，而自然村则是保留村落自然原生态的生活共同体，具有近现代属性。从近代日本发展的整个历程上来看，自然村与行政村两者之间始终保持着对立的关系，但是自然村又对行政村发挥重要的补充作用。行政村的成立既有利于政府的管理，又为社会居民知晓地方事务、明确政府管理的难易开放了窗口，在推动政治社会化进程中，尊重自然村的传统文化和传统风俗，以确保议会政治影响不会波及地方社会，在这种机制作用下极大地推动近代化—工业化进程。在民主化和工业化的快速发展过程中，行政村也被赋予了自治体化色彩，久而久之，自然村的补充作用逐渐被弱化。

日本文化具有广纳外来文化、保持自身文化特色的双重属性，这种基本属性在近代日本地方制度上得到充分展现。地方自治是基于日本传统自治因素（即村落共同体）而存在的一种自治制度，地方自治使近代日本地方制度得到发展。但是受到极速性影响，日本近代地方自治需要村落共同体的补充。自然村与行政村是近代日本的两大矛盾对立村落共同体，自然村是自然状态下的生活共同体；行政村是行政状态下的需要共同体。但从近代日本发

展的整个历程上来看，自然村对行政村发挥着重要的补充作用。

行政村在自治化的过程中，需要自然村来补充，从而保留了自身文化特色，使村落文化成为日本文化的一个重要的组成部分长期存在。

第四节　日本村落社会组织及其传统特征

一、日本村落的形成与类型

（一）日本村落的形成

村落是从地缘关系界定的一个概念，固定在特定区域或较大范围内，由同一家族或者不同家族、亲族集团组成的生活共同体。由于不同国家的传统、风俗不同，村落也各有千秋，在社会不断进步、历史不断推进的过程中实现自身发展和变化，展现出极具特色的村落形态。

日本最早定居的共同体生活可追溯到日本考古工作者对绳文时代部落遗址的考察，而这一时期的村落规模普遍较小。到了弥生时代，稻作生产逐渐进入日本社会，使人们的定居生活更加稳定，技术性较强、劳动力需求量大的农业生产使人们对于土地的依赖性更强。因此，在互帮互助的农作生活中采用共用设施、共同管理的方式成为基本原则。基于这种社会关系衍生出多种形式的共同体，久而久之，出现了由不同的共同体组成的部落。所以，部落的本质是自然村。当时的国家律令——50户为1里（后"里"改为"乡"）并未从根本上动摇自然村落的实际生活。

进入战国时代，为了有效防御战乱，政府对分散居住的住户进行集中化管理，农业生产的集约又进一步加强了自然村的自治体制。直到"太阁检地"时代，这种自治制度才有了根本性的变化，即由村落自治转变为国家统辖，由自然村转变为具有法律和政治性的行政村,成为幕藩体制的基层行政单位。

明治以后,日本的行政村制度几经变动,但自然村的自治功能却从未被动摇。行政村与自然村之间的矛盾,其本质是统辖与自治之间表面均衡、现实抵触的矛盾关系。因此,日本村落已经不再是单纯的基于行政管辖设定的地理范围,而是日本农民的一种社会生活,这种社会生活的基础是一定地理范围内形成共同体的多种社会关系。

"家"是日本村落构成的基本单位,"家联合"的出现是由于一个"家"无法使家庭生活得到充分保障,因此需要与其他"家"结合,建立利益共同体关系。"家联合"有各种形式,如同族、亲戚、干亲、葬礼组、水利组等,这些不同形式的"家联合"构成了一个完整的村落。

(二)日本村落的类型

日本社会学家福武直,借助日本社会学关于"家"与"村落"的理论,将日本农村划分为东北型的"同族结合"型和在"同族结合"解体基础上产生的西南型"讲组结合"型,创立了村落类型理论。

(1)"同族结合"的村落。"同族结合"的村落主要构成是大地主的本家与佃农阶层血缘和非血缘关系的分家;存在形式是一个家族集团分户聚居,同时具有与父系血亲关系完全一致的特点。宗族势力在村落中占有极强的势力地位,在对内、对外关系上均发挥着家族职能。同时,佃农对地主的依附从属关系是该村落类型的生产关系总特征,这种特征在日常保护与奉献中有明显体现;社会生活的展开主线是主从的本家与分家关系。

(2)"讲组结合"的村落。讲组结合"的村落是由基本平等的家庭构成的横向联系,产生于缺乏同族结合或同族衰退的村落。因此,该村落不存在由于身份、地位产生的统治从属关系,各户是平等或对等的。

"同族结合"与"讲组结合"之间也存在前者向后者转变的倾向,但前

提是前者的衰退。与此同时，"讲组结合"的村落中同样包括本家、分家秩序，这是由村落住户在日常联合生产过程中关系日益密切所决定，意味着两种村落形态的相互浸润。整体而言，任何村落形态的基本特点都在于同族结合。

二、村落的下层组织形式

在村落生产与生活的推动下，以形式多样、职能各异为基本特征的村落内部下层组织相继出现，并呈现出重叠交织、协同生产的形式，从而有效推动村落的生存与发展。之所以下层组织各具特色，主要原因在于所属区域和数量的差异化。

（一）村组

作为村落的地区性下属集团，村组的出现是村落内部协调生活的自然结果，基本构成单位是"家"。村组作用的发挥需要借助村落整体自治组织的指导。

人口数量或户数规模不断增加引发了村落地域机能调整。村组的产生是由于村落的内部分化与小村落的合并。

村组的作用如下：

（1）管理用水及灌溉设施。村落掌握水利设施及所有权，村组的主要职责在于修筑用水和灌溉设施，调整通水及看守等。

（2）互助插秧。插秧互助主要是以抽签方式决定各户插秧的顺序，通常参与抽签的是村组内各户十七八岁以上的男女。

（3）管理公用田。公用田包括村落中祭祀用的"空田"、维持村财政的"村田"，以及作为"村头人"费用的"特别田"等。公用田的管理单位是村组。

（4）共同管理山林。村组的民宅及其他土木工程用茅草、木材及烧柴、沃肥草的采用地、以及生长山菜、生产山货的土地等都属于山林，需要统一管理并投入使用。

（5）统一安排工作日、休息日。统一管理禁止或允许进山采集、赶海捕捞等行为。

（二）近邻组

以地区的近邻关系为划分依据，村组又可以分为近邻组，它是一种地区生活的底层组织。近邻组虽然位于村落和村组之下，但是在家与家的对等关系原则作用下，具有与村组相同的自律性和自治性。除此之外，近邻组还具有户数多少不固定的特征。近邻组主要职责在于协力互助婚丧大事、法事、房屋修缮等事情，而务农上的帮工或金钱援助、居家劳务等均不在其职责范围内。若以近邻组的性质为划分依据，可分为经济互助中心和社交中心。

经济互助中心的目的在于经济互助，有出资、出米等互助形式的金融讲和劳动互助讲。以起源于中世纪的"赖母子讲"金融讲为例，其最初成立的目的在于筹集寺院所需资金，后发展成为向"讲"成员开放的无利息、无担保的通融资金。"无尽讲"是拿出一定数量的钱或米，在"讲"的会议上，通过抽签决定通融对象，还可能以某些特定的人或讲员作为通融巨额资金的获得者，而内容丰富的劳动互助讲则体现为轮流为讲员换屋顶等。

社交中心是以社交与娱乐为目的而存在的村组，早期的活动是资金筹措，会餐和其他娱乐活动会在劳动互助后举行，经过一段时间发展，将会餐和娱乐定为集会的目的，成为村落社会文化生活比较活跃的组成部分，如"茶讲""将棋讲""歌讲""游山讲"等。

（三）讲组织

讲组织具有多样化和不同规模的基本特征。规模大的讲组织范围涵盖全

国，范围小的仅限于村组。以讲组织的性质为划分标准，可以将其分为多种与村落社会生活保持紧密联系的形式，包括围绕社寺、教团中心，围绕民间信仰中心，围绕经济互助中心，围绕社交中心等。其中民间信仰的讲组织是以村落内的诸神、阴阳五行思想、庚申信仰等为基础的民间信仰集团。

村落社会民间信仰较多，按信仰者的年龄层和职业划分，有"天神讲"（参加者为少年）、"念佛讲"（参加者为老年人）、"若众讲"（参加者为青年人）、"山神讲"（参加者为从事林业的人）、"财神讲"（参加者为从事渔业的人）、"观音讲"（参加者为养马者）、"大日讲"（参加者为养牛者）；女性参加的有"二十三夜讲""子安讲"等。各讲信仰对象不同，中心内容也不同。一般各讲都有"头屋"（集会所），有固定的日期和活动时间；活动内容多为念经、谈话，逐渐演变为举行与信仰有关的娱乐游戏活动；女性的讲则由听经念经转变为互相交流安全生产和养育子女经验方面的活动。

（四）年龄组

作为日本村落社会的重要组织形态之一，年龄组在各自职能作用于生产与生活的基础之上，推动村民群体意识的形成。年龄组这一小单位的组织划分依据是年龄和性别，在不同地区，年龄组具有不同的形态。如阶梯型，即以一定年龄作为一个组织进入另一个组织的分界线；终生型，即由同龄人形成的终身制年龄组；松散型，即组内成员的加入或退出具有绝对的自由。

第一，少年组。加入年龄在7~10岁，退出年龄通常为女13岁、男15岁，即成人礼之后。少年组的工作职责主要包括两点：一是参与极具儿童特色的喜庆活动；二是为全村性质规模的大型活动收尾、善后。

第二，青年组。加入年龄女13岁、男15岁，退出年龄通常为25岁或结婚后。青年组的加入需要经过严格仪式——加冠、认干亲、改名、各种肉体

（或精神、毅力）考验等。青年组的加入是人生的重要阶段，意味着成年，在村落社会生活中发挥着重要作用。

青年组的活动可以分为两类：一类是组织内部活动。活动中心为"青年宿"，即选择村内长者的屋舍，并将其主人视为"宿亲"，由其指导和监督生活，青年需要对其行孝顺之责。"青年宿"的主要活动内容包括集体训练、夜间劳动、体力和技能比赛、男女青年交往等，但这些活动必须在严格的纪律管理前提下进行，若出现违反相关规定制度的情况，需要承担相应处罚。另一类是组织外部活动。如组织村落内部的大型活动和祭祀活动；看护农作物和警务工作，外来人口监督，修筑公共渔场、道路、房屋、桥梁、神社等，种植公共林以及救护船只等。村内的重要工作大多需要青年组的人负责。

第三，"中老组"。中老组的工作职责在于履行对青年组的监督职能，其经济管理任务较少，因此，加入中老组的年龄一般在25岁以上，或者到达退出青年组年龄，但是并不具备成为户主条件的人。

第四，"老年组"。该组成员大多是60岁以上的退休人员；主要工作任务除了协调村落内部纠纷之外，还有承担祭司职能，这一点在"宫座型"氏子组织中有直接体现。

从性别上看，除了少年组有女性成员外，其他组均为男性成员，但女性也可以组成其他类型的组，开展组内特色活动。这些组大多按照年龄、社会生活中的角色划分，如姑娘组、媳妇组、主妇组等。在女性组织中较为主要的活动是姑娘组与青年组的互动。总而言之，基于家族主义的地区性集团是日本村落社会的基本特征，也是对严格等级制度的封闭性社会的建设。

第五章　日本古村落的民俗文化传承

古村落是各国优秀传统文化传承的载体，日本对古村落民俗文化进行传承和创新，目的是激发大众的文化自信。本章对日本古村落的"奇祭"、日本古代的"婿妻问婚"、日本古代的村落与家族、日本古村落民俗传承体的个性进行了论述。

第一节　日本古村落的"奇祭"

日本古村落的"奇祭"在每年9月或秋季举行，"奇祭"的准备从两周前的会议开始，参加者为区三役及氏子总代表，会议上决定各项准备活动的责任人及准备日程。

"奇祭"一周前，决定参加者人选。"村"的构成单位是"家"。全村参加落实在每户一名的形式上，但随着时代及观念变化，也吸收了自愿原则。事前只确定人选，并不进行专门练习。在"奇祭"之前有着暖场性质的"盆舞"，则分数次进行练习。

"奇祭"的前一天，以每户一名为原则，在代表带领下分头进行各项准备，如清扫公民馆，在神社前及村内重要处竖起旗帜，更换神社的幕布及注连绳，给本殿的铃铛换上新绳子，在本殿、公民馆及神社境内的上空悬挂灯笼，制作年糕，搬出召集用的大鼓并设置于公民馆前等。

以上准备多在上午完成。下午，区长在公民馆值班，接受村内外的捐款或献酒。

"奇祭"当天上午，氏子总代表、区三役及班长集合到神社，悬挂灯笼，安置"御神灯"，制作"投饼"和"镜饼"，准备祭礼时献于神前的神馔，准备交给主持仪式神官的礼金，准备待机的消防队员盒饭。如小川岛的"奇祭"分为下午的祭典和晚上的祭典两个部分。①

傍晚在神社前用盆舞暖场，"奇祭"参加者在公民馆内集合，头戴蓝色头带、赤裸上身，下身穿白色短裤，短裤外着兜裆布。时辰至，公民馆前鼓声响起，渐渐急促，村民纷纷来到会场，围在境内左右观看。

需要进行七轮仪式，第七轮从木壁下来抬起敲锣者后，来到本殿正面悬挂铃铛处，敲锣者拉住铃铛绳，奋力扯断，能够顺利扯断，预兆来年丰收，所以铃铛绳扯断一瞬，围观者都为之欢呼。参加者与开始一样，在本殿前列队，领神酒一饮而尽，"奇祭"就此结束。围观者涌入境内，接受从公民馆扔出的"投饼"，全体鼓掌欢呼，庆祝秋祭圆满完成。

"奇祭"最开始时是以"裸祭"的形象而为世人所知。日本各地还有众多其他被称为"裸祭"的事例，从这个角度进行结构性比较分析，理论上成为理解"奇祭"的一个可能性。

作为民俗学意义上一种类型的"裸祭"，其参加者裸身的意义原是为了修禊或净身斋戒，后丧失了其宗教意义。而"裸祭"又分为正月以修正为中心，夏季以修禊为中心的两种类型。"奇祭"与全国具有代表性的"裸祭"，如岩手县黑石寺苏民祭、冈山县西大寺会阳、静冈县见付天神裸祭、神奈川县八坂神社天王祭等相比，就结论而言，无论是举行的季节，还是仪式中修禊的有无，或者是数字上体现的原则以及竞争形式与确定性上，都是区别远远大于共性。

---

① 王京.日本一村落的"奇祭"与民俗传承体的个性：兼及文字资料对于民俗社会及研究者的意义[J].内蒙古师范大学学报（哲学社会科学版），2016，45（04）：16-22，34.

"奇祭"既无法在"裸祭"的两种类型中得到理解，也与各地裸身进行的祭礼并无承接变化的痕迹，在周边甚至关东地区也很少见到类似的案例。如果将民俗看成在共同生产生活过程中形成的种种传统，那么民俗研究需要面对的是形成并保持民俗的生产生活自治组织，即民俗的传承载体。正是民俗传承体的个性决定民俗所显示出的特殊性。

关于"奇祭"的由来，在《桃野村志——月夜野町志第一集》（1961年）的"信仰奇祭"条目中有这样记载："若宫八幡，在大木新重郎景夏邸内被称为汤田谷或御鼻之处。天正七年（1579）名胡桃战争时，景夏将八幡神像转移，重修祭祠于元和（1615—1623）某年九月二十九日。转移之时，夜色漆黑，也未点灯，手执神像，敲打钲锣，众人手抓前人腰带，摸索前行。"这就是"奇祭"的起源。其中，"新重郎"在日语中的发音是"shinjuro"，与"奇祭"时的号子一样。

第二节　日本古代的"婿妻问婚"

一、日本古代"婿妻问婚"的产生

"婿妻问婚"是流行于日本历史上1000多年招婿婚的最初形式，盛行于大和时代并延续到平安时代。这种婚姻形态对日本历史产生了深远的影响，日本著名妇女史学家高群逸枝甚至据此提出日本古代社会中只存在母系制家庭，没有父系制家庭。

（一）"婿妻问婚"的特点

"访妻"在日语中称"妻问"（つまどい），"问"有访、访问之意，指男女双方结婚后并不同居，而是各居母家，婚姻生活则由男到女家造访实现，或短期居住，或暮合朝离，因此称之为"婿妻问婚"。

　　"婿妻问婚"作为刚刚从群婚中脱胎出来的婚姻形态，带有浓厚的母系制族外婚色彩，时代越早，越明显。具体而言，日本古代的"婿妻问婚"有以下四个特征。

1.女子是婚姻的主体

　　由于在"婿妻问婚"形式下，双方分居异处，只能通过"访"才能实现"婚"，故决定这种婚姻有主体和客体关系。这里，女子是婚姻的主体。"婿妻问婚"是由男子向自己中意的女子求婚，吟诗或唱歌，是古代早期求婚的主要方法。女子则以诗、歌作答。每年春、秋两季，各地都有一种叫作"歌垣"（即男女青年集中到一起唱歌、跳舞）的活动，为男女提供交往机会。男方向女方求婚，如果女方表示同意，则完成"婿妻问婚"的第一个程序——"目合"（相亲）。可见，这种婚姻缔结颇具自由浪漫色彩，"男女相悦者即为婚"，而且女方择夫有相当的自主性。但是，仅有两个当事人的"目合"还不能成立，需要得到女方家长的认可。①

　　"婿妻问婚"下婚姻缔结虽然是根据男女双方的意愿，但女方家长的意见十分重要。男女双方结婚以后，妻子一直居住在娘家，妻子和丈夫过"婿妻问婚"生活的房间被称作"妻屋"，丈夫或实行短期的"从妻居"，或只有到晚间才到妻家与妻子同居。显然，在这种婚姻中，女性处于较为有利的主导地位，她们与娘家关系的密切程度甚于夫妻关系，而夫妻之间的支配与隶属关系还没有形成。夫妇感情虽深，却不及兄妹同胞之情，血缘关系重于婚姻关系，这些都是在"婿妻问婚"这种婚姻形态下特有的情况。

2.一夫多妻与妻妾无别

　　关于"婿妻问婚"的性质，一般认为是对偶婚。"多妻"是对偶婚的特

---

①林丽明.对日本古代"访妻婚"的考察[J].西北工业大学学报（社会科学版），2012，32（04）：97-98，110.

征之一。在日本古代"婿妻问婚"形式下，"一夫多妻制"非常突出。《魏志·倭人传》记载，邪马台国的风俗是"大人皆四五妇，下户或二三妇"。此外，在《古事记》《日本书纪》记事中，古代大王、王子无一例外地实行多妻制。现存奈良时代的户籍、计账也反映出庶民多妻的家庭不在少数。

随着私有制和阶级社会的发展，一夫多妻制越来越表现为父权家长的特权。但在"婿妻问婚"盛行的日本古代社会早期，一夫与多妻之间奴役与被奴役的关系并不十分明显，具体表现为妻妾地位平等。妻妾无别的根本原因在于"婿妻问婚"制本身。在"婿妻问婚"制下，男子很容易与数个女子保持婚姻关系，她们分居异处，互不往来，都是丈夫的妻，地位平等，自然无区别嫡妻、次妻，或妻、妾的必要。

3."婿妻问婚"制下的通婚范围

"婿妻问婚"的缔结虽然自由，但有一定范围，基本保留族外婚制的原则。因为在"婿妻问婚"制下所生子女随母居，与父亲关系淡漠，而生活在一起的母子、母女关系，兄弟姐妹关系最受重视，所以从族内婚发展到族外婚时，首先排除的是同母兄弟姐妹之间的婚姻关系。此外，"婿妻问婚"不仅没有同姓不婚的禁忌，同父异母兄妹结婚也毫不奇怪，如敏达天皇的皇后是他的异母妹、后来的推古天皇。两人的生父同是钦明天皇，按父系观点，他们是同父异母兄妹，不能通婚，但是由于他们各随生母在异处生长，故虽称兄妹，实则关系甚远，与他姓之人无异，彼此通婚成为自然。

如嫡子与庶母结婚、叔侄结婚、姐妹变成婆媳等类事情，在当时日本也非违反伦常之事，古代史书中多有其例。除了禁止同母兄弟姐妹之间通婚以外，同姓通婚、不同辈近亲通婚的习俗无疑是母系制遗风，与"婿妻问婚"的婚姻形态有直接关系。这是日本古代通婚圈的一大特征，对后代影响较大，尤其是在日本皇室和皇族内，近亲通婚的习惯一直延续到近代以后。根据上述情况，唐人李延寿所撰《北史》中有关日本"婚嫁不娶同姓"的记载，未必与当时的情况相符，至少是不全面的。

4.母权受到尊重与父系制

由于女子在"婿妻问婚"中处于较为有利的地位，所生子女随母方家庭生活，造成日本古代女性较高的社会地位。

"婿妻问婚"是日本古代社会早期（即大和时代）的主要婚姻形态，反映出母系制特征。但是，若以此论定这一时期日本仍处于母系制社会阶段，则未必准确。因为尽管"婿妻问婚"是以女方为主体的婚姻，但是由于日本从原始社会向阶级社会过渡的历史进程比较特殊，故父权制的产生并不是以母权制的消亡为前提，即使是在"婿妻问婚"最为流行的大和时代，父权制也已经产生并日益成长。资料表明，最能反映父权制已经产生的事例是"婿妻问婚"制下子女的世系不随母亲而随父亲。

很早以前，至少是在统治者阶层，已经有父子关系是亲子关系的基础观念，以及基于这种观念的父系血缘观。父祖名连称的现象反映对父系血缘的宣扬，突出父子关系。由于资料限制，我们很难知道大化革新前的日本普通民众中的世系状况，但古代天皇、豪族的世系都是按父系计算，并在古代史书中得到体现。根据史书记载，《男女之法》公布后，过去持母姓的人纷纷更改为父姓。因此，《男女之法》被日本学者称作"父权制确立的宣言"。

总之，"婿妻问婚"的婚姻形态保留了母系制族外婚的许多特征。亲族成员的婚姻生活采取女方居住的"婿妻问婚"形式，充分反映母系制残余对古代日本人社会生活的影响，即只有在血缘纽带重于婚姻纽带的前提下，"婿妻问婚"才会存在。当然，日本古代的"婿妻问婚"已距原始形态相去甚远，且早已处在发展变化中，父系制与父权观念在"婿妻问婚"盛行的大和时代已经产生，尽管受到母系制残余的束缚而发展迟缓，但一直是向着取代母权制的方向发展。

随着社会发展，并受到大化革新冲击，奈良时代已经是夫妻分居向夫妻同居过渡的时期。此时，仍然过"婿妻问婚"生活，夫妻分居的只是尚不具备形成房户经济条件的一般家庭成员，而乡户主、房户主即家长，则大都实

行夫妻双方同居，这是父权的体现。由此看来，奈良时代及其以后，"婿妻问婚"虽然还存在，但已出现质变，而且在父权制日益成长的情况下逐渐流于形式，仅作为一种婚俗被保存下来。

（二）"婿妻问婚"的产生

从人类婚姻史的角度出发，"婿妻问婚"尚属于母系社会末期的对偶婚。伴随氏族社会的解体，一夫一妻的个体婚姻形态从对偶婚中脱胎出来，成为阶级社会的主要婚姻形态。一般而言，个体婚姻形态和一夫一妻制家庭是文明社会的产物，不能离开社会孤立存在，它同社会的经济基础有着密切的内在联系，是一定的社会制度、一定的生产力和生产关系的产物。只有对日本古代社会的经济状况、上层建筑进行综合分析，才能了解"婿妻问婚"存在的原因。

1.根本原因

历史跳跃性发展的影响是"婿妻问婚"存在的根本原因。日本是一个进入阶级社会较晚的国家，当世界几大文明古国早已度过奴隶制全盛期，日本仍是一个徘徊于人类文明圈之外蒙昧、孤立的岛国，地理环境的闭塞造成日本在漫长的年代里，只能是极为缓慢地自然演进，其社会落后数千年，就中日两国之间的差距而言，有2000~3000年。从日本绳纹时代末期起，以中国为中心的亚洲大陆文化逾越了地理隔绝传播到日本，打破了日本列岛上的沉滞空气。水稻栽培技术的传入，使日本跨过原始农业这一艰辛而又漫长的过程，快速进入农耕时代，青铜器与铁器同时传入日本，为日本生产力的发展开辟了广阔道路。

到公元前3世纪，日本还是处于原始平等、人们只知其母而不知其父的母系氏族阶段。经过几百年，到公元二三世纪，日本列岛上的先进地区已经进入阶级社会，并跨入国家门槛。这种由母系制进入阶级社会的历史跳跃性，固然缩短了与先进国家的距离，却难免将许多旧制度的残余匆匆带入新的社会结构中。

在航海技术并不发达的古代，岛国的地理环境成为日本的天然屏障。大陆先进文明的影响，只是生产工具与技术的接力式传入日本，很少有人员交流，既无因异族征服与被征服引进的种族变化，更没有大规模的同化，日本牢固的氏族观念及母权制从未受过剧烈冲击，故得以在很长的历史时期内保持顽强的生命力，使婚姻、家庭形态等上层建筑中最不活跃的因素，远远落后于社会和经济发展。因此，"婿妻问婚"是在"直接碰到的、既定的、从过去承继下来的条件下"产生的，也只有在这种条件下才能存在。

2.重要政治条件

统治阶级的利用政策是"婿妻问婚"存在的重要政治条件。日本古代国家是在部落国家互相征服的基础上发展而来的。史书记载，大和国家"东征毛人五十五国，西服众夷六十六国，渡平海北九十五国"（《宋书·倭国传》），反映日本古代国家在形成中的战争与征服状况。统治者在征服之后，面临如何实现在被征服地长久、稳定地统治的问题。除了武力征服手段以外，他们大多要以各种办法互相结盟。

在生产、文化、交通、信息等都不发达的日本古代，利用人们熟悉的"婿妻问婚"进行联姻，便成为一个十分重要的手段。日本古代史书中，许多男神访女神、男酋访女酋及男王访后妃的故事，实际上是部落国家的兼并及国家形成中的征服与臣属或联盟的体现。这些故事往往采取一种模式，即某某男王通过访妻与某氏族的女性结婚，然后由妻子在妻方氏族内养育子女，并由其父在这些子女中指定自己的继承人，对该氏族进行统治。

《古事记》《日本书纪》中所载，古代诸神与大王在各地访妻后所生儿子，多成为后来各地豪族祖先。可以看出，以"婿妻问婚"进行联姻的确是日本古代国家在形成过程中除武力征服之外的一种重要结盟手段。同样，这种婚姻的破裂也意味着两个部落国家联盟的决裂。

　　总之，寻求配偶只是古代统治者"婿妻问婚"的次要目的，在它的背后有着征服和使其臣服的政治目的。高群逸枝将这种以通婚进行征服的方法称作"模拟同族化"。虽然伴有武力，但这种征服方法并不破坏被征服者的氏族组织，而以征服者所"访"之妻、所生之子为中心进行统治。在此基础上，设立部民制，以各地原有的氏为社会基本单位，大和国家的社会和经济基础就此形成。从这种意义上来说，古代上层人物的"婿妻问婚"是日本历史上最早的"政略婚姻"，其理所当然地受到统治阶级的推崇。

　　前面已经谈到，奈良时代是由夫妻分居向夫妻双方同居过渡的时代，在庶民家庭中，"婿妻问婚"虽然存在，但已退居次要地位。在奈良时代及平安时代，贵族家庭中仍然流行着"婿妻问婚"，此时贵族中的"婿妻问婚"已不能说明贵族妇女的地位仍然很高，恰恰相反，这种婚姻反映出的是一夫多妻制。

　　平安时代的女性文学作品中描绘的不合理的婚姻制度下贵族妇女的不幸命运和悲惨遭遇，如女作家藤原道纲母（代表作《蜻蛉日记》）、紫式部（代表作《源氏物语》）和泉式部（代表作《和泉式部日记》）和清少纳言（代表作《枕草子》）等作品，实际上是"对女性社会地位本质的绝望"流露。然而，"婿妻问婚"可以使男子畅行无阻地行使一夫多妻的"自由"，是贵族社会男子坚持"婿妻问婚"的根本原因。

3.地位作用

　　除了上述两个原因，妇女在生产活动中所处的地位是"婿妻问婚"长期存在、不可忽视的经济原因。在日本原始社会，女性被视为丰产的象征，是人们得以生存的力量之源，因而受到广泛崇拜。在日本古代神话中，不仅哺育众生的食物之神是女性，有关农业的起源也与女性紧紧连在一起，这些都反映出原始社会的日本女性与生产活动关系密切。

　　随着生产力的发展，男女社会分工在日本出现："士有当年而不耕者，则天下或受其饥，女有当年而不绩者，则天下或受其寒，故帝王躬耕而劝农业，后妃亲蚕而勉桑序。"这表明男耕女织的现象已经出现。从表面上看，男子似乎已经成为生产领域的主要承担者，妇女已退居次要地位，而实际上并非如此，妇女在生产中仍然处于举足轻重的地位。

古代日本以水稻耕作为主，除去水稻耕作初期的翻地、耙地等重体力劳动之外，从播种、插秧、中耕，到收割、脱谷，都是以女性为主体完成。这是因为男性的生产活动以开垦土地、兴修灌溉设施为主。此外，在弥生时代，水稻栽培一直被视为绳纹时代采集劳动的延长，故女性仍是主力。这种习惯持续到古坟时代以后。

男子参加社会生产的人数远远少于妇女，妇女是当时农业生产的主要承担者。在农业生产之外，"男耕女织"反映养蚕织布一类家庭手工业完全是由女性一统天下，作为"田调""户调"的绢、丝、棉、布等纺织品，都是通过女性之手完成的；管理家务、养育子女更是妇女的重要活动。

上述种种因素决定女性在生产与生活中的重要地位，所以一般家庭都不愿轻易失去女性这一宝贵的劳动力，"婿妻问婚"在这种情况下得以存在。另外，女多男少的现象也有助于"婿妻问婚"的延续，因为只有这种婚姻方式才能弥补两性比例的失调。无论哪一种社会形态，在其所能容纳的全部生产力发挥出来以前，是决不会灭亡的。女性居于较为自由地位的"婿妻问婚"的存在，归根到底是由她们在生产活动中的地位所决定的。

综上所述，日本古代的"婿妻问婚"是保留浓厚的母系制残余的婚姻形态，是由日本从母系制社会直接进入阶级社会这一特殊的历史发展进程决定的，且受到当时生产力的限制，与统治者的政策有关。然而，在私有制条件下，母系制残余只能越来越淡薄，"婿妻问婚"虽然在日本古代存在很长时间，却不得不服从父权制的发展，"母方居住父系父权制"说明了这个问题。

"婿妻问婚"的存在，对日本古代历史产生了深远影响。由于"婿妻问

婚"制下夫妻双方缺乏共同的经济生活，故日本历史上一夫一妻制的个体家庭产生和发展相对较晚；虽然父权家长制早已产生，但由于"婿妻问婚"反映出母系制残余的束缚与制约，彻底推翻母权制直到室町时代才完成。从另一种意义上来说，"婿妻问婚"的存在也赋予日本妇女较高的社会地位，"婿妻问婚"盛行的时期是日本妇女在历史上最辉煌灿烂的时期。

二、文学作品中的"婿妻问婚"

藤原定家编撰的《小仓百人一首》，其中无不流淌着悲愁哀切的古典美的旋律，字里行间飘逸着平安王朝的优雅与纤细，蕴含着深深的物哀情绪。《小仓百人一首》不但使我们可以从艺术角度欣赏"恋歌"缠绵悱恻和凄艳哀婉的情调，也可以窥探日本古代妇女在婚姻上的被动无奈和情感上的痛楚哀伤，有助于我们了解日本古代的婚姻制度和妇女的社会地位。

《小仓百人一首》中的恋歌，无论是诉说别离时的忧伤，还是诉说被弃后的哀鸣；无论是描写恐失爱人的愁苦，还是描写独守相思的凄楚，无不蕴含着"悲愁"的影子，无不烙上"婿妻问婚"的深深印记。以下将从《小仓百人一首》的43首恋歌中选取具有代表性的歌作，讨论"恋歌"如何反映"婿妻问婚"制度下女性的悲哀和痛楚。

（一）失去的愁苦

《小仓百人一首》中的恋歌，字里行间飘荡着一种"物哀"的感伤情怀，流淌着悲切哀愁的平安王朝古典美的旋律。

長からむ心も知らず黒髪の乱れて今朝は物をこそ思へ（待賢門院堀河）

译：但愿情长久，君心妾不知。朝来鬓发乱，万绪动忧思。

在"婿妻问婚"的习俗下，男女双方只是一种松散的结合关系，即使是热恋中的女性，也会担心男方始乱终弃，担心幸福的婚姻生活如蜉蝣般短暂。

歌词中，歌人用"黑发"作比，将对未来的担忧与清晨蓬乱的黑发凌乱地交织在一起，青丝乱思恋长。凌乱黑发其实是古代女性一丝丝无法言表的愁绪。

難波江の葦のかりねのひとよゆるみをつくしてや恋ひわたるべき（皇嘉門院別当）。①

译：难波苇节短，一夜虽尽欢。但愿情久长，委身无怨言。

大阪难波湾自古以来就是著名的歌枕，歌中用割芦苇后剩下的短根比喻良宵苦短，用"澪標"（水中的航标与"身を尽くし"同音）的"掛詞"技法，巧妙地表达主人公对旅途中萍水相逢倾心之人的依恋之情，虽然只是一夜尽欢，却决心委身于他，希望能永不相忘。平安王朝的男性贵族大多喜新厌旧，虽然一朝恩爱，但始乱终弃成为当时女性共同的噩梦。歌中隐隐流露出对未来命运的担忧，所以发出"唯愿此情天长地久"的感叹。

（二）离别的忧伤

《小仓百人一首》的恋歌中有很多描写"朝晓离别"的场面，古代女性暮盼朝思，等待男人的夜间来访，然而一夜难解相思苦，良宵苦短恨离别。所以，朝晓离别之际更加凸显悲凉凄楚的气氛，被动地等待、饱受相思之苦成为当时女性无法逃避的宿命。《小仓百人一首》中的这类恋歌，袒露出女性的无奈和忧伤，无不流露出"悲情哀切"之感。

逢ひ見ての後のこころにくらぶれば昔は物を思はざりけり（権中納言敦忠）。

译：一夜难解相思苦，相见还需恨离别。情深绵绵语难尽，思恋之心且更浓。

此歌也是男女共度良宵之后、朝晓离别之际的感发之作。在"婚妻问

①米丽萍，米丽英.从《小仓百人一首》恋歌看日本古代"访妻婚"[J].韶关学院学报，2016，37（11）：40-44.

婚"的习俗中，和歌是贵族不可或缺的传情方式，男女约会离别之际，男方应和歌一首馈赠女方，这是贵族婚俗中一个不成文的礼仪规范。这首短歌也切合了"相逢即是离别，相逢情更浓"的主题，饱受相思煎熬的恋人在良宵苦短的喜悦与温情之后，离别时反而愈加缠绵爱恋。

君がため惜しからざりし命さへ長くもがなと思ひけるかな(藤原義孝)。

译：相思难从愿，不惜下黄泉。昨夜相逢后，依依恋世间。

这是相恋男女在一夜相会后，朝晓离别时所作的"赠答歌"，表达"不逢之时盼相逢，相逢之后恐别离"的心情。更触动人心的是歌中加入生命的矛盾性，表现在与爱恋的人"逢与不逢"之间，展现了对生命的不同诠释。难解相思苦时，不惜舍命下黄泉；与恋人相逢后，即使生命之火即将燃尽，却又产生出强烈的求生欲望。此歌尽情地抒发出歌人苦相思的凄凉心境，流露出对生的喜悦和最强烈的欲求。情关生死，此等深情最令人动容，给人留下悠悠的余情余韵。

（三）被弃后的悲愤

在"婿妻问婚"习俗中，男女之间并不需要信守婚姻的誓约，因此容易成就男人更多的恋情，这就注定平安王朝里的爱情无法逃离短暂且无常的宿命。而"婿妻问婚"中的女性，在与男子缠绵相恋之后，似乎迎来了无尽的相思。

逢ふことの絶えてしなくはなかなかに人をも身をも恨みざらまし（中納言朝忠）。

译：当初无邂逅，何至动芳心。怨妾空余恨，哀哀亦怨君。

此歌描述的是男女双方从一见钟情到女方最后遭抛弃的爱情悲剧。女方悔恨如果没有当初的相逢相恋，又哪有今天的满腔怨恨。恨自己看错了人，也恨对方的反复无情、逢场作戏、始乱终弃。这种被弃后的哀鸣，深刻反映了"婿妻问婚"习俗中女性的哀痛和悲愁。

あはれともいふべき人は思ほえで身のいたづらになりぬべきかな（謙德公）。

译：无人问寂寞，断肠有谁怜。岁月空蹉跎，吾命近黄泉。

此歌悲切地咏叹出歌人被爱人抛弃后的难忍痛楚，歌人的怨恨之情溢于言表。

（四）孤独的凄楚

"婿妻问婚"习俗为贵族男子提供了婚后自由和纵欲的方便，他们可以置妻纳妾，女人却只能依附于他们，无奈独守空闺，被动地等待他们的垂幸，她们生命的绝大部分在闺房这个单调格局中消磨殆尽。所以，和歌中描写女性思慕爱人时，总是无法逃离闺房这个特定的空间。《小仓百人一首》的恋歌中以"闺怨歌"为主题的和歌数量最多。

あしびきの山鳥の尾のしだり尾の長々し夜をひとりかも寝む（柿本人麻呂）。

译：野雉深山里，尾垂与地连。漫漫秋夜冷，只恐又独眠。

此歌作者柿本氏被誉为万叶时代的"歌圣"。此歌是一首韵味悠长的思慕情歌，借用野雉夜晚雌雄分山而栖的习性，由野雉长长的翎尾起兴，喻示孤枕难眠的漫漫长夜，比喻女主人公孤单凄苦的悲伤心情。此歌中的秋夜蕴含着浓郁的思愁，将"婿妻问婚"制度下女性独守空闺，被动等待男人夜来相会的无奈、怨恨、愁楚、悲痛心情表现得淋漓尽致。

やすらはで寝なましものを小夜ふけてかたぶくまでの月を見しかな（赤染衛門）。

译：若信君难到，酣然入梦乡。更深犹苦候，淡月照西窗。

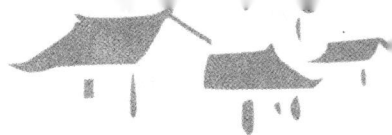

此歌是歌人赤染卫门给妹妹写的代言作，表达对男方藤原道隆食言和薄情的抗议。此歌所述的情节是当时贵族男女关系中最常见的形式，其巧妙之处在于不直言怨恨，而是写得十分委婉，营造深夜闺房中幽静且寂寥的氛围里，伶仃女子怀着对爱人的感情羁绊，痴心望月，夙夜苦候。深夜、淡月等意象营造出一份淡淡的忧伤和浓浓的余情。

見せばやな雄島のあまの袖だにも濡れにぞ濡れし色はかはらず（殷富門大輔）。

译：浪里色不褪，雄岛渔夫衫。朝朝红泪洒，两袖送君瞻。

歌中用夸张的手法唱出失恋女性内心的悲痛与怨恨；用被海水浸湿的雄岛渔夫的衣衫没有褪色，而我的衣袖早已被相思泪浸得泛白作比，以此表现其哀之切，更加有力地突出失恋女性对负情人的痛恨之情，达到强调自我悲伤的艺术效果。

《小仓百人一首》中的恋歌，无论是初恋的青涩，还是相思的愁苦，都是歌人的真情流露，所以歌中蕴含着"悲愁"的影子，飘荡着"物哀"的感伤情怀，追根究底，与当时盛行的"婿妻问婚"息息相关。"婿妻问婚"下松散的婚姻关系，贵族男性的用情不专、一夫多妻，让无数女性成为这种婚姻制度的牺牲品。女性在暮盼朝思中消磨生命，很多人逃避不了"世事短如春梦，人情薄似秋云"的爱情宿命，于是一首首哀婉凄切的和歌诉说她们凄苦的命运，无声地控诉"婿妻问婚"带给她们的伤害和痛苦。

第三节　日本古代的家族

一、日本的家族结构

传统的日本家族结构往往由本家和分家构成。家族不仅是亲族共同生活的团体，更是一个经营团体。

日本往往由长子继承家业，成为本家。而长子之外的其他诸子要么自寻出路，要么成为本家的分家。本家的构成中，血缘条件模糊化，血缘关系并非必要条件，很多佃农或雇农会使用主人姓氏，并参加主人的祭祖活动，死后葬在同一墓地。异姓的养子、婿养子在改变姓氏后就得到认可，进入家庭，作为继承人继承家业。这一点容易使人们超越家庭壁垒，建立高度信任关系，从而突破血缘关系的限制，以能力和资质选拔继承人，从而保证继承人的质量，为家业的延续和发展提供基本保障。

父系家长在家族中具有绝对权威，掌管家族财产的分配、家业传承与发展、对家族成员拥有支配与处置权等。整个家族形成以家长为原点、以亲子（包括养子或婿养子）关系为主轴的纵式结构。

二、日本古代姓氏特性

日本古代姓氏是指具有血缘关系的家族群构成的集团；模仿古代氏族，实际上通过居住地、官职等结合而成的政治集团。广义的姓氏为政治集团，狭义的的姓氏为血缘集团。

日本四大古姓如下：

（1）源氏。814年嵯峨天皇（809—823年在位）将4名皇子和4名皇女降为臣籍，而且赐给八个子女以"源"姓，在日本历史上影响巨大的"源氏"就这样产生了。嵯峨天皇赐予子女以源姓的目的，是希望他们像涓涓水源汇成滔滔江河一样，成为天皇家的屏藩。为了减轻财政压力，嵯峨天皇以后的很多天皇也大量地将皇族成员降为臣籍，而且这些天皇仿照嵯峨天皇，对降为臣籍的皇族成员也赐予了源姓，于是出现了众多源姓人，以天皇家为系谱，能将源氏分成二十一流。

（2）橘氏。和铜元年（708）十一月二十五日，元明天皇在御前公卿酒宴上端着泡有橘片的酒杯，为奖赏侍奉四代天皇（天武、持统、文武、元明

天皇）的女官县犬养三千代，赐予她姓氏"橘宿祢"，希望她像橘树那样不畏严寒酷暑，像金银珠玉一样熠熠闪光，日本历史上的四大姓氏之一"橘氏"就这样产生了。

（3）平氏。平氏四流的形成原因在于皇族成员居功求赏，希求独自的姓氏，即自愿从皇族分姓。平氏只有桓武平氏、仁明天皇系的仁明平氏、文德天皇系的文德平氏、光孝天皇系的光孝平氏四流。

（4）藤原氏。藤原氏是一个日本贵族的姓氏，略称藤姓，天智天皇八年（669）十月，天智天皇诏赐中臣镰足以"藤原"姓，此姓为其子不比等继承。

三、日本古代家族族徽

家纹一词出自古代的日本，用来表示自家家族的家系、血统及地位而使用的纹章。家纹最早出现于平安时代后期（另一说法为中期），距今已有900多年的历史，当时贵族为了显示自己的地位及家世，从流行的图案如花、鸟、鱼、虫中挑选自己喜爱的图案，装饰在自家的车、家具、服装上。之后由于一个家族使用固定的一种图案，就使这种图案渐渐成为该家族的标志即家纹，这是家纹的最早起源。因此，家纹的一般类型包括：植物类、动物类、器具类、建筑类、纹样类、文字类、天文与自然类。

家徽的设计，具有特殊的意义。随着时代的变迁，家徽也留下了各个时代的痕迹。家徽种类逐渐增多，本身的内涵也由简单趋于复杂，家徽充分体现了不同时期的日本人的文化心理和审美意识。日本人以亲和的态度去关注自然，认为自然是生命的母体，是生命的源泉。对自然的爱，带来生活和自然的融合，就产生了表现他们这种生活理念的家徽。可以说，与自然的亲和一体化，与自然共生，成为日本人美意识的象征之一，设计不重繁杂而重简素，色彩不重热烈而重平和的特征，充分体现了日本人与自然的和谐共生中孕育出的朴素而又纤细的民族风格。

从家徽中可以看到日本人的信仰和对外来事物的接受。家徽还体现了日本人对"家"的重视即日本人的集团心理。作为家族标志的家徽，是日本传统文化的产物，反映日本民族的文化心理和处事方式。家族意识或者说共同体意识，是维护日本社会统一和经济发展的主要力量，从古代到近代、现代，这种意识体现在语言、文化的社会生活的方方面面，一直是日本人生活中的决定性因素之一。可以说这就是日本家徽的重视家族、重视共同体的功能通过各种徽章在现代社会中又一次得到了体现。

第六章　日本古村落地域文化及传承

在城市化不断发展的过程中，日本古村落文化传统随着农村人口向城市的大量涌进而强烈地影响着现代日本社会和日本人的社会心态。本章主要研究奈良明日香村遗迹、日本古村落的节庆开发、日本古村落文化对日本社会的影响。

第一节　奈良明日香村遗迹

虽然明日香村在文化遗产类型上仍以考古遗址为重，但是在价值认定、保护与利用所涉及的具体业务以及参与主体的公共性等方面，都呈现出明显的整体性特点。

明日香村位于日本奈良县高市郡，现有规模是1957年在原有阪合村、高市村以及飞鸟村基础上合并而成的。从文化遗产类型角度来看，明日香村的文化遗产主要以考古遗址为主。在明日香村文化遗产的保护史中，最重要的时间节点可追溯到1968年的《明日香村文化财保护条例》，自此正式以法律形式规范文化遗产在明日香村整体事务中的重要性。

1970年，借助日本在大阪举办世界博览会的契机，时任首相佐藤荣作前往明日香村视察，正式传达国家层面对明日香村文化遗产保护工作的重视。1970年年底，日本将明日香村与"历史风土"的概念结合起来，提出成立"国立飞鸟历史公园"、开建飞鸟资料馆等；1980年通过《关于明日香村历史风土保存及生活环境整备的特别措施法》（简称《明日香村法》）后，明日香村的法律地位再次得以上升。①目前，明日香村在处理区域范围内考古遗址的保护与利用时，整体性视野主要体现在三个方面：

第一，在文化遗产价值认定上，自然与文化、物质与非物质存在整体性。尽管按照严格的文化遗产类型划分，明日香村的考古遗址类文化遗产从数量和价值排序上均为最重，但明日香村在此基础上还叠加了一层"古都"身份。

1980年，明日香村作为日本第四个特例，继京都、奈良和镰仓之后正式纳入《关于古都历史风土保存的特别措施法》范围。如此一来，明日香村不再被视为一处拥有众多考古遗址的集合地，而是一处"古都"。在过往研究中，习惯将此法缩略为《古都保存法》，尤其注重城市开发抢占用地、周边建筑限高等问题，因此，考古学院更关注现代建筑物对传统景观风貌的破坏问题。

关于"历史风土"一词的提法不应被忽视。在《关于古都历史风土保存的特别措施法》中，对于"历史风土"的界定，表达得非常明确。历史风土包含"建筑物、遗迹以及周边自然环境"。"风土"一词可以解释为一种"土地的状态"，涉及的内容虽然是"气候""地形""地质"等自然要素，但在此之前仍需加上限定词，即"对居民的习惯和文化产生影响"，从而达到人与自然的和谐。张松曾指出，这一"风土"概念包含气候制约的自然地理环境赋予当地人的一种对于这一自然条件特有的灵敏态向。

若与我国的现实情况相比，"古都""历史风土"的价值认定，看似更接近我国普遍接受的"历史城市""传统村落"等整体性概念。但具体来看，明日香村并不像"历史城市"强调由遗迹点、街区格局再到整体肌理环境的点、线、面结构，也不像"传统村落"强调当代人群与日常建筑物之间基于遗产意义上的依赖或传承关系，它直接处理的文化遗产对象依然是考

---

① 王思渝.整体性视野中的考古遗址保护与利用：以日本奈良县明日香村为例[J].四川文物，2019（04）：90-96.

古遗址。但是，依靠自然与文化、物质与非物质不可分割的思维，明日香村已经习惯于将人们通常认为的已经"死去"或者"静态"的考古遗址在价值本源上与当地农业景观、历史风貌等更为"活态"的问题进行整体性认定。对此问题的重要例证是，2015年明日香村提出的《明日香村历史文化基本构想》。其中专门讨论了"关联文化财群"概念，强调"无论有形还是无形、指定还是未指定，以明日香村历史和地域上的关联性，将各种各样的文化财产相连接起来"对待，也源于当时明日香村已经提出"美丽明日香"的号召。因此，建筑物、考古遗址与自然环境被视为"物"，传承至今的信仰活动与日常生产生活行为被视为"事"，以及存续在人们心中的"精神"，三者三位一体共同被视为"价值的本质"。

第二，在价值哲学的基础上，在具体的操作业务上，明日香村的考古遗址一直被放在乡村内部的整体事业中考虑。1980年通过的《明日香村法》，不但提升了明日香村的法律地位，而且该法在内容上也不应被简单理解为一部文化遗产保护领域内的专项法。该法除了与传统的历史风貌或历史城市保护相关法律类似，设立保护规划、划定不同等级的保护地区以及对应的限制措施外，还特意强调"生活环境"和"产业基础"的重要性，从而将与"道路""河流""下水道""都市公园""住宅""教育设施""福利设施""消防设施""农林设施"相关的整备工作与第十项"文化遗产保护"工作相并列。该法规定明日香村可以以"特定事业"为理由向奈良县申请资金，而在"特定事业"的限定下，道路、公园、下水道等城镇基础设施层面的投入都被纳入其中。在这些规定下，真正显示出对明日香村作为一个整体性的村落加以考量，而不只是将文化遗产作为一项单独的事业抽离出来。

事实上，明日香村也曾一度采取考古遗址集中区域，即"历史风土"保护区域与农业用地相隔离的态度，但是初期引发当地的多次反对运动。直到1984年新的农业振兴计划开始实施，才允许历史风土保存区域与农业振兴计划中的农业用地相重合。但是，即使允许甚至鼓励继续发展农业用地，明日香村也仍然面临大量农地转为他用或农地废弃的压力。为此，政府开始试图在相关法律框架内逐步收购私人农地，并由政府出资，对其农地状态加以管理和维持。但是，不断飙升的地价和管理费用也给地方政府造成不小的财政负担。因此，将土地全面收归国有对日本村级地方政府的财政实力而言，显然并不可行。为此，明日香村近年来的工作回到农业扶持上，试图利用产业问题解决土地问题，与之相关的具体措施包括利用农产品加工、集团化经营提升其附加值等。此外，明日香村还打造出一处面积为70平方米的"明日香梦贩卖所"，其实际上是由99家农户组织到一起形成的以水果、蔬菜、林产品、农副加工品、鲜花等为主题的小型直销农业集市。经过经营，明日香村已成立特定的"明日香故乡农业组合法人"组织，并加以管理。如今，明日香村境内已经形成与之类似的"明日香的梦市""明日香梦的乐园""明日香梦的时令菜馆"等一系列直销集市。

从20世纪90年代中期开始，日本境内诸多市町村开始实行"梯田所有者制度"，明日香村也引入了该项制度。该制度的重点不仅在于鼓励当地的农民开展农业耕耘活动，还在于引入来自都市的居民回到农村与当地的住民一起劳作，当地住民充当起导师角色，与都市来的市民发展起伙伴关系，共同经营对应的农地，从而起到维持农业景观和带动地方经济双赢的效果。至今，这些农用空间构成明日香村考古遗址的基本景观环境，既在审美意义上满足对遗址展示气氛的烘托和营造，又是一种可产生实际效用的生产生活方式，同时回应了在价值本源认定上所提倡的整体性思路。

第三，各方主体共同参与的整体性公共话语。"公共话语"并非简单地指遗址作为一种公共空间，无差别、低门槛地面向公众开放，也非简单地指向以政府为代表的"公"部门在其中的主导权。这里的"公共"，一方面强调"公"部门能够恪守其公共属性，权责清晰；另一方面强调在整个村落治理结构中，能够依靠非营利机构等形态，形成社会各方力量整体参与公共事务的氛围。

　　明日香村的政府部门同样持有利用考古遗址资源促进整体经济发展的诉求，但其职能和行为性质仍然控制在"公"部门的框架下。明日香村各类公共事务的重要经济来源之一是村内的各类基金。例如，《明日香村整备基金条例》中规定该基金的使用范围，主要包括支援与历史风土有关的村民组织活动、文化遗产发掘调查工作、建筑物的协调和增减、土地性质变更等。基金的运营工作和分配计划由村长直接决定；为了限制和监督村长的权责，同时成立对应的审议会和制定《明日香村整备基金运营审议会规则》加以规范。

　　虽然民居没有成为明日香村认定的文化遗产类型中的大宗，但是在明日香村价值认定的哲学范围内，民居依然是不可忽视的重要方面。面对明日香村"过疏化"导致的大量农屋空置现象，明日香村开始制定"活化银行制度"。简言之，有意出售或者出租空屋的所有者和想要重新开发使用空屋的利用者都可以向村政府提交申请，并由村政府进行分配，承担供需双方在具体细节上的协调工作。在这个过程中，村长和村政府有权对利用者的后续经营改造活动进行调查监督，若有造假或不当行为，则抹去其资格。除了政府部门的行政影响力之外，大量非营利机构在明日香村工作中同样充分活跃。例如，公益财团法人，"古都飞鸟保护财团"是其中一例，其业务同样以飞鸟地区的历史风土和具体文化遗产的保护、利用为导向，旗下主要包含研修所、飞鸟综合游客中心以及高松冢壁画馆的经营和管理工作，三处可供参观、可对外经营的公共场所成为该财团最主要的经济收入。需要注意的是，尽管允许开展经营活动，但并不妨碍"古都飞鸟保护财团"的非营利性质。根据日本现行的法律框架，"非营利机构"既包含一般财团法人、一般社团法人，也包含公益社团法人、公益财团法人。"一般"与"公益"的共同之处在于，它们都需要向登记单位证明盈利不用于分配；要想从"一般"变为"公益"，还需证明该机构的活动主要以公共利益为目标，从公益活动中获得的收入不得超过活动支出，公益活动的支出应超过总体支出的50%；完成这项"公益"与否的名目证明的是独立于政府之外、由内阁直接成立的"公益法人委员会"；完成这项公益认定之后，该机构便可以享受政府提供的系列税收优惠。

由此说明，在整个制度设计中，能否开展经营活动、获取收入，并非是判定该机构是否属于"非营利"的重点，重点是经营所得的收入最终如何分配、是何去向。

结合我国目前处理考古遗址保护与利用时所面临的困境，明日香村的经验在以下两个方面值得注意：

一方面，冠以一种整体性的视野看待考古遗址的价值属性，这种视野甚至模糊了自然与文化、物质与非物质，乃至本体与功利的切分逻辑。如此一来，对严格意义上的遗产分类体系产生混淆，应慎重对待此问题。但是，遗产分类在操作层面为后续将考古遗址的保护和利用视为村落保护工作中的重要部分。明日香村既不会因为过于重视考古遗址本体而牺牲周边的农业环境，或过度追求遗址旅游而放弃对传统产业的扶持，也不会将考古遗址脱离于村落日常业务之外。

另一方面，在具体的制度实施层面，明日香村的整体性视野有别于片面追求整体经济发展，更多的是在寻求一种多方参与的公共话语空间。在这种空间中，法律成为基本框架；政府动机不限于GDP增长，而是更接近有限制的调配人的角色；政府与非营利机构交叉合作，共同以公共利益为导向；具体的行事方针蕴含商业逻辑，但并非片面追求外向型的商业旅游目标。因此，可以将明日香村的整体性视野理解为一种内向的整体。这里的"内向"，指代整个区域的发展模式虽不排斥功利主义的对外旅游或对外经营，将文化遗产视为一种资源，但是并不以此为单一的基础；与之相配的是，区域发展更追求通过在文化遗产的价值认定、相关业务关系间以及公共性话语的维系构成一种内部整体。其中，价值认定解决了不同遗产要素内部之间的逻辑自洽问题，相关业务关系构成内部业务的相互联动，公共性话语更直接地指向内部各参与主体间的社会空间和话语权力的生成与培育，在解决这一系列问题之后，再形成内部合力，寻求以外来游客、外部资本为导向的全面经济发展。

这样的搭配进一步呼应了日本近年来不断提倡的"地域社会"概念。日本从20世纪80年代以来受新自由主义思潮影响，开始在中央层级追求"小政府"，并在2000年以后对市町村进行合并，从而提高地方自治能力。在此态势下，各地经济、文化等事务逐渐回到本身，以特定的"地域"为单位，要求地域范围内的本地社区、自治体、团体组织和地方企业等利益相关者以地域活化为目标"团结一致"。

第二节 日本古村落的节庆开发

开展节庆活动是促进旅游开发的一种有效手段，已经得到普遍认同。节庆活动是一种具有鲜明特色的旅游吸引物，挖掘地方特色、融入历史内涵、发挥文化创意的节庆活动，一定会提升当地的知名度，助力旅游业的差异化发展。日本在举办特色节庆活动方面，有许多值得参考借鉴的做法。

一、日本的节庆活动

日本虽是一个高度现代化的商业国家，却保留了丰富的传统文化与历史遗存，有着独特的人文旅游资源。其中，影响深远的节庆活动比较集中地反映了日本的文化传统与精神，是挖掘当地历史文化、创造地方特色的一个卓有成效的手段，对于传统文化的保存、传播与认同具有重要作用。

日本的节庆活动可分为两大类：一类是侧重传统文化、艺术的民俗节庆，另一类是侧重现代交流、体育竞技、产业技术的节庆活动。日本的节庆活动与旅游开发有着密不可分的关系。作为提高地域知名度、传承与保护传统文化的有效手段之一，节庆活动仍是目前许多地方政府用于创造地方特色、提高旅游商贸等交流、增进经济繁荣、促进地区整体向上发展的政策选择。作为独特的旅游资源，日本节庆活动吸引着来自国内外各阶层、各年龄段人士的广泛参与，带动了日本旅游业及地方经济的发展，成了日本鲜明的旅游吸引物。

二、日本古村落——白川乡的节庆活动

白川乡地处日本岐阜县大野郡白川村荻町地区，因其完好地保留了大大小小共100余栋名为"合掌造"的茅草屋建筑而为世人所知。1976年，日本政府将其指定为国家重要传统建筑物并加以保护；1995年，联合国教科文组织将之收录于世界遗产名录后，到访游客一举猛增，从原本每年60万人次增长至170万人次。

白川乡位于日本为数不多的"豪雪地带"，每年白雪覆盖时间长达四个月。白川乡的面积为356.64km^2，周边崇山峻岭环绕，山林覆盖率达95.7%，拥有白山国立公园、天生县立自然公园等山林景观。正是这样的自然环境，孕育出传统风味十足的农村原生态风景——群山环抱，河流蜿蜒，田地纵横，房屋错落有致，一派和谐。

"合掌造"的名字来自房屋建筑的屋顶外观，因犹如双手合握得此名。白川乡合掌造建筑的特色在于木屋顶以厚厚的茅草铺就，山墙呈现三角造型，纵使有大量积雪也能自然卸掉其重量，且南北相向而建，有利于减轻风阻、增加日照量，达到冬暖夏凉的效果。白川乡不仅有景观之美，难能可贵的是，至今依然有上百村民居住于此，保持了村落的生命力，而非单纯的游客观光之地。以"结"为代表的村民相互扶持的精神延续着，妥善保护原生态景观的观念得到村民的普遍认同与继承。白川乡的节庆活动具体包括历年开展的节庆活动和非历年开展的节庆活动两类。

（一）历年开展的节庆活动

（1）白川乡点灯节。每年1—2月举行数次。在限定的数个夜晚，让合掌造建筑整体亮灯，营造出梦幻雪景。

（2）白川乡插秧节。每年5月例行举办，插秧姑娘一边唱着传统插秧

歌，一边进行手工插秧，让游客感受劳动的快乐，体验旧时农村岁月。

（3）浊酒节。浊酒节号称"天下奇祭"，每年10月中旬例行开展，向神明供奉"浊酒"，祈求山神保佑村民五谷丰收、家人平安、邻里和睦。在白川乡各个神社举行盛大祭祀活动，还开展巡游、狮子舞、乡土民谣与舞蹈等神事表演。浊酒还会用于招待村民和游客。

（4）割茅草活动。每年11月举行。为了提高合掌造建筑屋顶茅草的自给率，通过招募除了村民以外的其他地区人员一同收割茅草，可以增进他们对村落的认识与关心，是一次可以深入体会常规旅游所无法体验到的乡村魅力的机会。

（5）喷水训练。每年11月的第一个周日上午举行。合掌造建筑防火要求极高，为此，白川乡设有59个消防喷水装置，向上空360°喷射以控制火星飞散与火势蔓延。一年一度的消防训练由村民完成喷水操作，同时检验喷水装置的完好情况。活动时，空中水柱齐飞，场面蔚为壮观。

（二）非历年开展的节庆活动

（1）送雪节。6月底至7月初的初夏时节举办。感受白山残雪美景，惜别白雪离去，其间也有当地特产销售，并可一览白山山麓的初夏景致。

（2）白山飞行巡游活动。在夏季或秋季的限定时间内开展。从高空俯瞰号称日本三大名山之一的白山，近观大型车辆无法抵达的秘境，欣赏绝妙的自然与传统村落。

（3）野外博物馆合掌造民家园亮灯活动。可欣赏到有别于冬季的亮灯景观，在绿意浓郁的仲夏夜与枫叶渐红的秋夜，欣赏亮灯景致。

（4）美浓和纸艺术灯展。延续2015年庆祝世界遗产20周年特别纪念活动，2016年继续实施。

（5）乡村男女联谊会。邀请对白川乡感兴趣或将来想在此居住的单身男女参加，在大自然中既参与各项活动邂逅彼此，又可品尝美食，体验乡土氛围。

三、古村落节庆活动开展的启发

（一）重视地域认同

在节庆活动中村民对地域历史年复一年的认同，承载他们对土地的认同和感情的依托。村民是家园保护运动的发起者，始终发挥着重要作用。面对旅游开发与住民生活、农业发展并存的难题，他们达成的共识是：在提高生活水平的同时，要以保障村民正常生活为底线，不让旅游开发影响农业发展，理性地节制地发展旅游业。节庆活动虽深受欢迎，但像点灯节等活动并不长时开展，甚至控制客流，这一做法正是基于保持生活家园样貌的初衷，既没有"公园化""博物馆化"，也没有过度商业化，在保护与发展、生活与旅游之间维持良好的平衡；既是富有浓郁传统特色的遗产地，也是鲜活的生活现场，让人感受到远离喧嚣的质朴宁静氛围。[①]

（二）强调民众主体

日本从20世纪70年代开始的"一村一品"运动、"故乡创生事业"等活动，使得各地乡村开始关注自己生活的土地的个性，通过自我思考、自主行动等形式，寻找本土个性，激发一般民众的参加热情与创造力。活动的参与，唤起民众对民族文化、地域传统的自觉保护意识。因此，改变"政府主导、企业参与"的常规模式为"政府主导、企业营销、民众参与"的模式，可更好地将节庆活动还于村民与游客。

（三）促进文化传承

白川乡的旅游发展体现出村民对文化传统的自豪感与保护热情。浊酒

---

① 吴凌鸥.日本传统村落的节庆开发研究：以白川乡为例[J].活力，2018，000（022）：58，60.

节、插秧节、割茅草活动和纸艺术灯展等都充分体现了他们对文化传承的重视。文化可以提升节庆活动品位，而旅游节庆活动可以影响全社会，可以促进传统文化的保存与传播。祭祀、灯展等节庆活动，从民俗、音乐、舞蹈、绘画等角度，集中、动态地展示传统文化，是鲜活的文化遗产，可以成为地域文化记忆，地域也因此展示出自身的独特性。要保存地方传统，从传统文化中寻找具有本地乡土特色的内容，让节庆活动散发出真正吸引游客的独特性，从而降低相关节庆活动的运作成本，走可持续发展道路。

（四）采用多样形式

纵观白川乡的各类节庆活动，不但涉及面广、内容丰富，而且形式多样。同样的主题也可以在表现形式上体现出差异。喷水训练既可强化村民的消防意识与操作规范，也给游客带来严防火情的生动警示，更是一种美的享受。送雪节、白山飞行巡游活动、乡村男女联谊会等多种多样的活动，始终围绕宣传白川乡美景与特产这一主题，视角新颖、与时俱进的策划，体现活动的独特性，贴合现代人对休闲生活的需求，从而更好地树立起地域形象。

第三节　日本古村落文化对日本社会的影响

一、群体结构与集团归属

群体结构仍然是现代日本社会的基本结构。在当今日本农村，以户而不是个人为基础组织起来的村落团体仍然很强大。不同的是，随着生产发展，原来的自然村逐渐组合在一起，形成强大的农协组合或行政上的村社，原来的自然村落降格为小农庄，但农村社会的基本构造和机能并未根本改变。

日本的工厂或企业是比较稳定的群体。在企业之上也有各种类型的团体，从街头巷尾的零售商团体到全国性的大银行或钢铁公司协会，像金字塔一样自下而上地组成广泛的全国性组织，工厂或企业内部常常形成许多小团体，班组和科室既是工作集体，也是重要的社交小团体。在社会上，到处都有地区性的妇女协会，每个城市社区都设有社区居民组织——町内会。

总之，日本人无时无刻不生活在团体中。日本人经常意识到自己是群体中的一员，在他们的头脑深处，群体行为模式仍然是人们行为规范的主要深层依据。个人作为群体中的成员有强烈的满足感，很多人并没有认识到自己丧失了个性，相反感到自豪。特别是在知名公司，职工们高唱公司的歌曲，胸前佩戴公司徽章，把个人的身心融入集体中。

现代日本人身上这种群体归属感，是对传统村落群体行为模式的直接继承，是在纯粹的日本文化中孕育出来的日本因素。日本在现代化进程中，自西方输入许多文化内容，但这些舶来文化支离破碎，始终未能渗入日本体制中，西方的个人主义和自由主义并未在日本坚定地扎根。

二、"纵式社会关系"与等级序列

在日本现代社会，严格的等级序列是社会关系的基础。日本社会划分为无数团体，每个团体中又存在地位不同的各个阶层，中根千枝称其为"纵式组织结构"。纵式的等级结构在政府和企业公司中普遍存在，人们由于参加工作的时间不同，形成很多等级，按年龄结成的团体加强了这种等级差别。

日本的工厂或企业实行终身雇佣制和年功序列工资。每个等级基本上都是按年龄和服务年限调整工资和职务，可以保证整体的秩序与和谐，维持企业群体的统一。虽然一些新职员刚参加工作时工资待遇较低，但从长远来看，随着时间推移和资历的增长，他们可以得到丰厚的报酬和较高的职位。因此，他们最初能以团体的利益为重，勤恳工作，尊重师长，严守等级，以图后报。

三、"封闭式结构"与排外心理趋向

村落社会与外界隔绝的封闭式结构，在社会心理层次上形成日本人的群体意识，强烈的群体归属意识又强化了村落社会的封闭性质和村落成员的排外意识。封闭式集团的行为规范具有两重性，即内部道德和外部道德，这是两种截然不同的心理趋向和行为标准。当今日本社会的各种团体仍带有一定程度的封闭性，社会行为准则和心理趋向内外分明，对内聚合，对外排斥。从内部而言，强调群体的整体统一，讲究秩序，鼓励个体对于群体的依赖，群体内部形成强烈的内聚力。面对外部的压力，人们必须明确各自集团的归属，维系群体利益。这种内聚力使群体成员产生一种同舟共济的心态。在同外部接触时，封闭式群体以共同对外的心理应对外部，具有排他性和强烈的竞争意识，可以驱使群体成员对外部群体采取敌视、排斥的态度，群体成员可以为了群体利益不惜一切与外部竞争。

第七章 古村落文化景观的识别与保护

古村落文化景观反映一个国家悠久的历史和深厚的文化底蕴。文化景观折射出人类和自然之间的内在联系，为古村落保护提供了新思路和新内涵。本章内容涵盖古村落文化景观的基因表达与识别、古村落文化景观的危机、古村落文化景观的识别与保护、古村落文化景观的可持续发展。

第一节 古村落文化景观的基因表达与识别

古村落文化景观形成于长期的社会形态发展过程中，保留原有的传统文化和风俗习惯，记录不同时代的发展轨迹，生动地展现出当地的地域文化特色。因此，在研究某一地域文化具体的传承过程时运用文化景观基因法，将起到关键的推动作用，能够深入挖掘传统聚落景观蕴含的历史文化基因，并实现代代相传的根本性目标。由此可得出，中日古村落文化景观之所以在自然人文环境特征、地域民俗特征、建筑特征、整体布局特征、语言文化特征以及宗教信仰特征六个层面存在不同程度的差异性，与中日各自传统文化不同的文化基因紧密相关。

中日古村落数量众多，历史文化信息丰富，越来越引起人们的重视。然而，不同地域的古村落因形成原因的不同，特别是受地方文化影响，表现出各自独特的景观差异。只有从根本上把握这些古村落的景观特征，才能进行有效的景观识别，进而有效指导当地城镇景观设计和旅游文化保护。

一、景观基因——识别区域文化特征的钥匙

现代生物学理论认为，基因是生物体中的一种遗传信息结构体，基因携带的遗传信息决定生物的具体特征。这种理论给研究区域景观文化特征的形成带来新的启发。因此，文化基因理论的核心内容是采用生物学中的基因研究分析法，深度剖析不同地域景观的文化特征，探索使文化特征实现代代传承的文化因子。此外，景观基因理论研究还借鉴参考地理学、地质学、建筑学、植物学、景观形态学、聚落形态学等学科的研究方法，是多种不同领域学科知识的集大成者，意味着当研究者在分析研究某一个文化景观基因时，其过程是复杂的、科学的、严谨的，景观的基因分类标准主要有以下四种。

（1）根据外在表现形式进行区分。根据这一分类标准，可将景观基因划分为具有物质形态的显性基因（如中国北部黄土高原独有的居住方式——窑洞；山东潍坊传统的居住方式——十笏园等）以及不具有物质形态、存在于当地居民意识形态层面的隐性基因（如傣族的孔雀舞、藏族的踢踏舞、侗族的狮子舞等）。

（2）根据景观基因的重要程度和成分占比进行区分。这一分类标准将景观基因划分为四类：一是主体基因，主体基因指文化景观具有的显著特征，如世界上现存的唯一性别文字——江永女书、敦煌莫高窟壁画等；二是附着基因，附着基因需要依附于主体基因而存在，如中国各个少数民族的传统服饰等；三是混合基因，混合基因是两种或两种以上文化的有机融合，如北京藏传佛教格鲁派(黄教)皇家寺院——雍和宫，明朝时期建造的具有汉族风格的清真寺——临清清真寺与清真东寺等；四是变异基因，变异基因派生于原文化景观特征基础上，又不完全相同，而是发展出独有的景观特征，如徽派建筑独有的马头墙，在广东、福建、闽东地区又发展出不同的特征。

（3）根据表达和选择描述方式进行区分。这一分类标准划分为可以用简单的符号特征进行信息传达，需要用复杂的图形描述图像基因（如我国传统文化里的神兽狻猊、凤凰、饕餮、麒麟等）以及可以直接通过文字方式描述景观特征的文本基因，典型的代表案例如中国传统的神话故事、寓言故事。

（4）根据文化思想进行区分。根据这一分类标准，可将景观基因划分为囊括多种文化要素的复合元素基因（表现出多种文化景观特征的融合）以及只表现单一文化景观要素的单一元素基因。这一类的文化景观往往与宗教紧密相关。

二、古村落文化景观区域识别系统

（一）景观要素

识别景观要素是研究古村落文化景观时必要的前提条件，只有全面掌握景观要素的基本构成，才能更有效地从宏观和微观角度，深刻认识研究对象的文化景观特征。目前，学术界在研究、提取某一地域文化景观基因特征时，普遍将民居的建筑造型（如方的、曲的、折板的、线性的、非线性的等造型特征）、传统习俗（如蒙古包、山雕、窗雕等蕴含当地风俗的景观特征）、民间信仰（如少数民族独有的庆祝活动）、宗法制度（如传统的祠堂、宗庙景观）、地方方言（如少数民族的歌舞活动）五个维度作为研究的出发点。

以中国南方山丘地区极具代表性的客家文化聚落区——炎陵县为例。当地居民多聚居于山区，客家文化的传统建筑景观基因主要以土楼、围龙屋、殿堂式围屋为主，具有封闭性、合族聚居性、坚固性、高安全性的特点。客家文化的传统习俗景观基因除了保留汉族的传统风俗节日，客家人还设置了客家文化独有的节日习俗，如正月十五偷青、四月初八牛生日与"嫁毛虫"、炎帝节祭祖等节日传统。此外，客家文化包含独有的丧诞嫁娶习俗，如"二次葬"、算八字、送亲等传统习俗仪式。客家文化的民间信仰景观基因特征，本质上是对自然界的一种敬畏之情，由于几千年来客家文化依托于

当地丰富的自然资源发展农耕经济，繁衍子孙，因此，客家人保留了祭拜山神、雨神、河神等传统习俗，寄托了客家人对美好生活的向往。客家文化的宗法制度景观基因特征，主要体现在该地区的客家"堂"文化。这种文化以血缘姓氏宗族为主要连接纽带，不同的姓氏族谱有着不同的堂号和堂联，本质是一种家族文化和传承，反映后代对祖先的尊敬。客家文化的地方方言景观基因特征，主要体现在该地区独有的"客家话"，世世代代有着"宁卖祖宗田，不改祖宗言"的传统。

（二）聚落景观的识别

聚落指人类长期进行聚居和生活活动的场所，可以根据地理位置和经济、科学技术、基础设施的发达程度，划分为城市聚落和乡村聚落。目前，学术界对传统聚落景观的识别，主要从建筑特征、文化特征、环境特征和布局特征四个方面研究分析。此外，研究者在识别传统聚落文化景观时，从二维空间、三维空间、感官体验特征、空间表现结构四个视角分析不同传统聚落景观的形态特征。二维空间的景观识别角度，主要包括传统聚落的平面形态特征、围合结构形态特征、文化景观的横向和纵向排列特征，具体可以表现为建筑的屋顶、窗户、大门的设计；三维空间的景观识别角度，主要指整个聚居地区的空间布局形态特征，不同功能建筑之间的布局特征；感官体验特征景观识别角度，强调研究者通过实地调查走访、查阅历史文化资料而获得的感官体验，对传统聚落地区的建筑艺术、服饰艺术、工艺艺术获得的多方面的深刻感受；空间表现结构特征的景观识别角度，主要指分析研究传统聚落的宏观建筑布局特征、建筑群体与自然景观的关系、空间结构的构景手法。

在当前信息技术飞速发展的时代，将互联网技术应用到传统文化景观的分析过程中，能够大幅提高研究中日传统聚落文化景观特征的效率和深度，从而加深对中日区域景观的了解和认识，并且在认知基础上形成符合地区区域特色的城镇形象以及制定有明显地域文化特色的旅游产业发展规划。

第二节　古村落文化景观的危机

一、古村落建筑自然损毁及磨损

我国古村落中的古建筑大多是民国时期或明清以前，甚至更早时期的建筑，年代久远，而且古建筑多以砖木结构为主，其中尤其以木结构建筑居多，内部一些木质材料因为蚁虫侵蚀的缘故，部分古建筑倒塌、毁坏，再加上雨水、疾风，甚至地震等自然因素的破坏，难免出现磨损、腐蚀的迹象；有些古建筑屋顶已经坍塌，随时可能轰然倒地，有些甚至早已成为残垣断壁，这些都给古村落完整保存任务带来极大难度。

二、档案缺失，保护意识淡薄

人类社会文明的发展可以追溯到原始社会村落形成时期，从刀耕火种到文字创造再到现代文明，古村落悄无声息地用自己的方式记载和描述人类用智慧创造的灿烂文化和历史文明。在经济、科技发达的今天，对于古村落的文字记载少之又少，历史上大多以县作为统治阶级管理单位，所以县志较为普遍，关于村落的村志几乎为零，古村落文档记载也无从查起。[①]

古村落居民一般文化水平较低，对于古村落景观、文化传统等方面的保护意识淡薄，没有认清古村落文化的价值。古村落价值不仅是生活居住的场所，更是先人留下的宝贵文化财富，而古村落居民为追求现代化建筑材料样式的时髦，肆意扩建、改建、重建古村落，有些古村落居民甚至为利益驱使，将古建筑的门窗、雕刻等部分建筑构件拆下卖给外地游客。古村落居民

---

①牛丹丹.古村落景观保护与旅游开发研究[D].咸阳：西北农林科技大学，2012：12-23.

本应积极保护自身生活环境的和谐发展，但由于保护意识淡薄所产生的破坏行为，对古村落历史建筑的整体风貌以及传统村落文化延续造成严重伤害，甚至具有毁灭性打击。

三、古村落原真环境的破坏

古村落的原真性，指古村落的本真状态。原真性是评估世界遗产的重要依据，也是鉴定古村落保护措施及方法的基本原则。随着社会发展、农村经济水平的提高以及对城镇化生活的向往，人们在追求城市梦的同时，破坏了相比之下落后的乡土建筑，摒弃了传统的乡土文化和风俗习惯，一些"标新立异"的新建筑混杂在古村落中，使得今日古村落很难再和往昔相比，新旧杂糅，面目全非，这些成为古村落原真性生存环境和生存方式丢失的根源。

伴随经济发展而来的生态环境污染，加速了古村落周边环境的恶化。古村落基础设施较不完善，排水、供电、垃圾回收等设施陈旧落后，也造成古村落内部环境的污染，村内、村外垃圾遍野，污水横流，大大降低了古村落的原真魅力。

一些古村落过度开展旅游，游客量超出古村落最大容量，加重了古建筑的承受负担。而过度的商业化旅游，餐饮、宾馆、娱乐项目的建设，也会降低古村落的环境风貌，破坏古村落古朴优雅、安静闲逸的景象。此外，古村落内村民的乱搭乱建，同样会影响古村落整体环境风貌的保护。

四、人为破坏现象

一些村民为了寻求现代化的发展理念，认为残破的古建筑影响村容村貌，很多具有历史、文化、考古、艺术价值的乡土古建筑都被推倒新建，盖上了钢筋混凝土"洋房"，丢弃了古村落的传统风貌。

由于古村落农村人口增加，住房紧缺，导致一部分乡土建筑被翻新、扩建，有些村民甚至将古民居拆除，扩建为现代风格的楼房，不仅破坏了古村落整体风貌的和谐统一，私自建设楼房还增加了危房倒塌的风险。

旅游业的发展在给古村落经济带来可观效益的同时，一些村民盲目扩张旅游、住宿、娱乐等项目，想从中获利，从而给古村落景观和环境造成一定损害，有些村民甚至将原有的乡土建筑拆除重建，歪曲村落文化内涵。此外，随着农村产业结构的调整，昔日古村落风貌悄悄脱离乡土文化风貌，远离原生态的原真状态，使得古村落变成现代化新农村形势下的牺牲品。

五、古村落的真空化现象

中日古村落大多与现代社会隔绝，多处交通不便、区域经济落后地区，村民延续传统方式而生活，经济生活水平普遍低下，由于缺乏社会外界及政府有效的资金支撑，根本无力维持古村落自身修缮、养护、管理等工作，只能任其破败、萧条，甚至坍塌倾倒，成为废墟。另外，由于许多年轻劳动力和原住居民去往其他城市或地区谋生计，大量劳动力的缺失进一步加重了古村落生存延续的负担，加速了其经济生活水平进一步降低，造成恶性循环，只剩下老弱妇孺守村，鲜有人气的古村落则名存实亡，变成"空心村"。许多曾繁华一时、颇具规模的古宅院，由于原住居民的流失，也早已易主，新宅院主人对宅院历史知之甚少，这对古村落建筑，乃至整个古村落文化的传承发展是有百害而无一利的。因此，村落与村民的共生是古村落整体性特征的重要体现，空巢老屋的不断增加，也会将村落改造问题提上日程，更增加了古村落完整性保护的难度。

古村落的价值体现不仅依靠凝固的古老建筑，还有创造其历史、现在和将来的原住居民。关于文化的传承和表达，大部分都与原住居民自身所扮演的角色分不开，没有原住居民的存在，千百年的传统文化只是空空如也的几座建筑物，谈不上地方民俗、传统文娱、工艺技术的传承；没有原住居民生活的古建筑，也会由于缺乏"人气"而加速衰败，最终使古村落变成一副

躯壳。

六、古村落的火灾压力

由于中日两国古村落传统古建筑多以木头为基本材料，建筑密度高，加之古村落供电线路年久老化，更新不及时，加大了火灾隐患。而古村落的街道胡同尺度狭窄，又给消防工作带来难度，一旦发生火灾，后果不堪设想，会给古村落居民带来极大的生命危害和财产损失，古村落中的文化遗产也将消失。对此，做好防火工作，防患于未然，是中日古村落保护工作的重要一部分。

第三节　古村落文化景观的识别与保护

一、古村落保护形势

（一）古村落保护的必要性

古村落的历史渊源和发展紧密联系着人类社会，见证了人类从古至今的演变，是人类史最好的叙述者，具有较高的历史、经济、文化、艺术等价值。古村落传递的不只是肉眼可见的村落建筑群，还包含民族文化精神和价值。因此，古村落发展至今，人们更应加以保护，使其物质与精神财富不断延续。

早期，人们会根据风水学、自然禁忌、天人合一等思想，选择古村落的建址。如今，很多文化遗产的保护措施还有待加强，对古村落的保护更是刻不容缓。有很多位置偏僻、保存较好的古村落，由于村民缺乏保护意识而得不到有效保护。古村落是历史上人类与自然和谐相处的最好见证，在实施保护措施时，不仅要考虑古村落的历史遗产，还应该考虑古村落周围的自然环境。

中日古村落保护是一个复杂、系统化的工程，在制订相应的计划时，应率先考虑保护古村落的生态环境、文化遗产等资源，对发展的速度和规模要有科学指导。但是，保护应该灵活处理问题，如不应限制古村落本身的发展，同时保留其独有的文化特色等。

（二）中日古村落保护的紧迫性

从目前情况来看，古村落保护工作比较严峻，有五点原因：一是古村落居民的保护意识较为淡薄；二是宣传力度有待加强；三是相关法律法规不够完备；四是旅游业的开发在一定程度上破坏了古村落的环境；五是农村战略的实施和城镇化建设进程加快等，对古村落的保护工作提出了挑战。

由于很多古村落的原住居民文化水平有限，在对古村落发展以及规划方面没有专业指导，出现村民只看得见短期利益，恶性开发村落文化景观遗产等现象，导致有的建筑已经融入现代元素，或分辨不清是现代还是古代的建筑，甚至有的建筑已经被破坏，很难修复；很多古村落没有维护资金，加上村民缺乏保护意识，很多古建筑已经年久失修，走上自然毁灭的道路；一些建筑因为产权归属问题，无人维修，破败不堪，几近荒废。

中日两国的经济水平正处于稳步前进阶段，所面对的自然环境和环境污染等问题也层出不穷，尤其是对古村落的保护方面。很多古村落曾经拥有优美的生态环境，但如今已经变得满目疮痍。因此，应尽快实施古村落保护工作，结合其他古村落改建的失败教训，对保护和延续古村落的自然环境和文化景观加以重视。这些不仅是政府和相关部门的责任，也是每个人的责任和义务。

二、古村落保护的内容

古村落的文物建筑数量、村落文化形式、地域人文精神，都是古村落的重点保护对象。从保护内容出发，可以总结出以下六个方面：

（1）重点保护古村落中具有代表性的环境样貌。古村落的发展离不开周围的自然环境。保护环境样貌，其实是保护古村落文化。另外，古村落中的历史文化遗产也是重要的保护对象，它是历史渊源的见证者，历史文化遗产保护得好，才有资格谈论保护其他对象，如地形样貌、花草树木、山水田园等。

（2）对传统的街巷形态加以保留，包括有历史渊源的街道、小巷、骨干道路、大体布局、方位走向、水流河道等。因为这些传统街巷是古村落的"骨骼"，能够显示古村落的结构形态，对此进行保护，就是保护古村落的整体架构，是古村落保护的重要一环。

（3）对具有文物价值的建筑和遗址加以保护。具有文物价值的建筑包含古民居、商铺、庙宇、祠堂，以及建筑内的石雕、花雕、木雕和壁画等。可以把古村落看作一本书，古建筑、遗址是书里的文字，土生土长的居民则是书的作者，他们相互合作，完成一部具有传奇色彩的经典著作，这便是古村落的核心部分，也从侧面体现出不同的文化现象和与其他地区的区别。因此，古建筑和古遗址都是重点保护对象。在保护古村落的建筑群时，应该考虑当地的建筑风格，保留原有的建筑格局、用料、空间分布，做到和周边环境相协调。对于新建的建筑，应考虑其占地规模、用料、色彩、高度等因素，不要过于追求高度，因为在古村落的建筑群中，过高的建筑会显得突兀。

（4）对有特点的地形样貌、历史古迹、名树古木加以保护。一般的古村落都建于环境优美、资源丰富的地方，周围的自然环境、地形样貌、古人遗迹、名树古木等，都是古村落的特色资源，也是旅游开发的重要资源。特别是名树古木，往往都很珍贵，被赋予神秘色彩和古老传说，如果保护得当，则也是一种很好的资源。

（5）对具有地方特点的产业和风俗习惯加以保护。古村落发展到今天，已经有千年历史，在不同的地域、民族文化因素的影响下，每个古村落都有自己的民俗文化，主要为古村落的一些产业和风俗习惯，如地方方言、节日习俗、手工工艺等。这些风俗习惯往往是古村落人文精神和环境氛围最好的体现，对此加以保护，才能传承和延续古村落的文化精髓。

（6）保护不确定因素。一些偏僻地区的古村落，由于远离世俗打扰，至今保留原本的生活模式和环境，其中不乏古民居、祠堂等乡土建筑，古街古巷、历史文物等珍贵文物资源，像这样的村落很多被纳入国家规定的重点保护区域，它们也是历史遗留下来的珍贵文化遗产。在这种情况下，不要以更新、扩建等原因对其改造或拆除，以免造成历史的遗憾。如果需对古村落进行改造或规划调整等，则应待有关专家研究论证后，设立保护级别和制度进行酌情处理。

三、古村落保护的原则

（一）原真性原则

原真性，即真实、原本、纯正之义。文化遗产的原真性用于衡量其内在的深层文化内涵和外在表现形式的统一程度。修复残缺历史古建筑，应遵循"修存其真，整修如故"的原则：一是要在整体上把握修复和补缺部分，使其保持与原有部分及景观上的和谐统一，在恢复其历史价值、文化价值、科研价值、艺术价值方面，不能因过分修补而降低；二是为保持历史建筑的真实性，现代修补增添部分应与原有部分有所区分，不能混淆游客对历史文物的理解，并尽可能减少加固维护部分。对完全毁灭的历史建筑，根据其所处重要地位或具有的象征性意义和纪念意义，在允许的条件下可以慎重重建。但应考虑到重建文化建筑对原有遗址和历史真实性的损害、影响以及巨大耗资问题，重建规划方案应经有关专家研究论证，方案通过方可实行。

虽然文化景观的重建工作意义重大，但是保存历史遗留下的残缺遗迹更有价值。另外，对于古村落历史文化景观的利用要以延续原有使用方式为宜和不损害古村落文化景观为前提，也可以以古村落建筑作为博物馆供文物展览及游人参观，但作为参观景点，要做好管理和监督工作，防止人为破坏。

（二）积极性原则

由于古村落中居民、游客等无时无刻不参与其中，所以对于古村落遗产的保护，并不能单纯地对文化遗产进行原封不动的原真性保存，而是要在尊重遗产原真性与不可再生性的基础上，尽可能地使文化遗产本身参与并融入现实生活中。积极保护意味着充分调动外来游客与原住居民对遗产保护的主观能动性，使其深切地感受文化遗产的存在价值及不可再生的脆弱性，并积极配合保护工作，甚至加入切实保护遗产的各个环节中。

（三）整体性原则

对于古村落这种具有悠久历史的人文景观和原始秀美的自然景观文化遗产而言，整体性的保护原则显得尤为重要。遗产保护也是一个整体性过程，其包含的方方面面都应被列入其中，不论是客观存在的物质化东西——"物"，还是直觉感知所形成的观念性东西——"象"，都应遵循古村落整体性保护原则。

古村落景观保护并不是单纯的狭义保护，而是对已经损毁的景观通过各种弥补手段，重新构建文化内涵，保持其原本文化景观的完整性。物质形态的古村落景观和非物质形态的地方文化、历史传统相同，都是古村落文化景观的重要组成，如果物质景观是骨架，那么源远流长的历史文化就是血肉，只有两者相互融合，才是一个完整的生命，才能继续传承和延续。

（四）可持续性原则

要确保古村落保护与旅游开发相互促进，和谐发展。合理的旅游开发能够充分促进当地经济力量的提升，使古村落景观的保护目标能够更好地实现；反过来，古村落景观的质量也直接决定其旅游开发的价值。古村落作为历史遗产的一部分，必须将保护置于基本发展战略前提下，且开发也应以保护为首任，通过对古村落景观及文化的正确保护和合理利用，调整其在时代变迁中的功能与角色，从而带动当地区域全面发展。

（五）意象性原则

意象是观察者与被观察事物之间发生双向作用所产生的结果。古村落意象是人们对古村落形态在思维中的概念反映，是古村落与公众之间的作用结果。古村落意象性保护不是指保护某一具体古建筑、历史文物或是山水田园的自然资源，其比单一保护文化景观、文化遗产要求更高。因为意象性是整体空间在人们思想中形成的一种意识状态，不是单一保护某方面的文化占迹。对于古村落而言，新材料、新建筑、居民生活方式甚至周边环境变化的改变等，都会破坏整个村落呈现的意象状态。

意象空间的保护是物质空间保护的延续和发展，是依附物质空间而存在的，其要求相对苛刻，需要在进行古村落保护过程中，尽可能地保留其原汁原味的空间形态和人文形态，在保护其物质形态中的道路、标志物、空间节点、区位界定以及非物质形态的风水防御、人文传统等方面，要尽可能尊重古村落存留延续下来的有形或无形的原有文化和风貌。

四、古村落保护的具体措施

（一）构建核心保护区

古村落实际上是一种传统聚落景观，起源于远古时期一些庞大家族的居住地，随着环境等因素影响，最后形成古村落景观。在保护古村落景观的过程中，需要将核心区位作为重点保护区域。通常而言，核心区位的古建筑、街道与布局都是历史最悠久、能够反映古村落文化传承的。因此，应该将核心区位作为古村落景点保护的重点区域，一方面制定相关保护政策，传承古村落景观的特点文化；另一方面，为了预防古村落景观遭到破坏，需要建立档案管理，划分管理权限等。除此之外，在保护古村落景观时，除了核心区位，还应该注意古村落整体的和谐与统一，可以通过在古村落周围建设新村

来接纳游客。

（二）维护古村落的社会功能

一座古村落应该具有相应的社会服务功能，才能被称为"活着的"古村落，而社会服务功能是评价古村落活力机能的标准，保证古村落社会服务功能稳步发展的重要因素是当地村民，他们是古村落不断发展和更新的不竭动力，没有村民的古村落，其发展无从谈起。因此，保护古村落应尽可能地留住原住居民，特别是规模庞大、人员较多的古村落，而安置古村落的村民应该考虑到居民原来的生活方式。因为原住居民是古村落的重要组成部分，留住他们才能保证古村落有发展前景。另外，不可忽视对古村落生活水平和基础设施建设的改善，因为古村落的基础设施较为落后，不利于村民生产生活，当地政府对此应出台相应政策，如安装给排水管道、覆盖网络、垃圾分类等。

（三）建立古村落民间博物馆

近年来，古村落旅游业稳步发展，让更多人了解到古村落，但是古村落中的原住居民由于文化程度有限，对文物遗产的保护意识较为淡薄，而且古村落文物保护制度不够成熟，导致很多不法分子潜入古村落，盗取大量物品，这些物品都是具有价值的历史文物，甚至一些文物还是很多重大历史事件的见证者，这导致支撑古村落文化来源的证据缺失，很多古村落的文化源头模糊，不仅阻断了历史文化的发展，还触动了古村落的文化基础。面对这种现象，政府应该组织建立民间博物馆，避免文物遗产流失，同时传承传统文化。

（四）为古村落建档

现今，很多古村落的文献记载已经没有踪迹，相关部门和政府应该对古村落文献记载缺失采取一定的补救方法，深入调查和研究符合古村落标准的地方，统一收集整理没有备案的古村落；挖掘古老遗迹或者询问古村落中的老者，从中寻找蛛丝马迹，为整理资料出书提供依据，以便后人研究，也可以在一定程度上改变古村落无迹可寻、无史可鉴的尴尬局面，为日后有效开展古村落保护工作打下基础。

第四节　古村落文化景观的可持续发展

一、古村落文化景观可持续发展的需求

古村落经历了历史变迁，凝聚了人类农业文明的结晶，体现了人与自然和谐共处的智慧，是传统文化的"活化石"。古村落在发展过程中，人类的农业文明长期作用在自然基底上，形成数量众多、类型多样、内容丰富的古村落文化景观。这些文化景观不仅拥有美学价值，更承载村落发展的烙印和人类农业文明。然而，在现代化快速建设的进程中，古村落文化遭受前所未有的冲击和挑战。一些古村落原有的传统文化和风俗习惯在现代文明的影响下逐渐遗失；原始的社会结构在城市化的冲击下分离解体；许多凝聚着传统文化和先人智慧的古建筑、老街巷日趋破败。如果继续以这样的状态发展，那么后代人将看不到承载村落记忆的文化景观——老街老巷、老屋老房、旗鼓墩、滴水檐、铺板门、格子窗、用青石板铺成的繁华街巷、质朴清新的田园风光等。因此，古村落文化景观遗产的可持续发展刻不容缓。

二、古村落文化景观可持续发展的理论

（一）可持续发展

可持续发展为既满足当代人的需要，又不损害后代人满足其需要的能力的发展。可持续发展涉及环境、经济、社会等领域，各个领域对可持续发展

的定义不同，古村落文化景观的可持续发展指在满足古村落居民生存需求的前提下，保护和传承古村落的文化景观，实现环境、文化、社会协调发展的动态可持续过程。

（二）乡村社会学

20世纪初，乡村社会学产生于美国，是运用社会学的基本原则、理论和方法，研究农村社会这一特定对象的科学。20世纪20年代中期以后，我国一些专业学者开始逐渐加入乡村社会学的研究行列中，其研究对象主要包括乡村居民的社会生活方式、乡村社会关系、农村社会结构以及社会变迁。

古村落是一种传统聚落形式，在社会快速发展的今天面临着来自各个方面的机遇和挑战。借用乡村社会学的思维方式和理论体系，了解古村落居民的生活方式、行为习惯、思想观念，了解古村落社会变迁以及导致和制约变迁的各种因素，掌握古村落发展的现状、规律和特点，是研究古村落可持续发展的一个必要前提。

（三）地理环境决定论

地理环境决定论的思想由来已久，在中世纪文艺复兴和启蒙运动中，众多论者将地理环境决定论作为发展人文主义的重要思想武器，认为人类的身心特征、民族特性、社会组织、文化发展等人文现象受自然环境，特别是气候条件支配。20世纪以后，相关学者提出在地理环境与社会相互关系中，决定人类行为和发展的并非只有环境，还有其他方面的因素，尤其应把人作为一个主动因素加以重视。

在地域文化背景下对古村落文化景观进行研究，需要正确认识地理环境对古村落发展的作用，肯定地理环境是古村落发展的基本载体和客观因素，但并不能将其上升为古村落发展的主导或决定性因素，更需要重视人对地理环境的反作用以及对古村落发展的推动力，探索地域文化背景下古村落文化景观的可持续发展之路。

地域指土地的范围、地区范围，特指本乡本土；文化是人类创造的物质财富和精神财富的总和，特指精神财富，如教育、科学、文艺等。综合而言，地域文化是一定地域的人们在历史发展过程中，通过实践活动所创造的物质财富和精神财富的总和。不同的地域因为自然地理环境差异以及人们利用和改造自然方式的不同、建设人类文明程度的差别，而产生截然不同、各具特色的地方文化。所以，地域不再是传统意义层面上的文化概念，也不再是特指某种经济基础下的物质状态，而是直接受制于该地域特定环境、通过多种途径表达出来的文化形态。

三、古村落文化景观可持续发展策略

（一）古村落文化景观可持续发展原则

1.和谐生态

工业革命以来，人们对自然的改造能力不断提高，在社会经济不断发展的同时，人类的生存环境也在不断恶化。在人类不断向自然界索取和对自然界破坏的过程中，一系列环境问题不断出现，严重影响了人类的可持续发展。因此，人们需要重新审视人类与自然生态之间的关系。

我国在古代就强调人类与自然应和谐共生，在我国历史文化传统中浸透着对自然和生态环境的敬畏和保护，古村落的发展，同样适用上述思想。古村落中有自身适应当地自然生态环境的历史文化，生活在其中的人们沿袭着与当地生态环境相协调的传统生活方式，他们对生态环境的保护意识，影响着他们自身的生存和发展的可持续性。这些古村落是人类同远古祖先相联系的文化历史以及精神传承，古村落的生态环境被破坏甚至消亡，对我国的历史文化来说是一种巨大损失。①

①谢浩.传承古村落文化 促进可持续发展[J].混凝土世界，2011（07）：82-86.

从现今文化景观可持续发展角度来看，这些古村落对于自然和生态观念具有一定的先进性和对未来的认知性，因此可以充分挖掘古村落传统的和谐生态文化，并在充分认知研究基础上进行传承和发扬，使之融入现代文明思想中，并提升为现代生态伦理观，从而为古村落的环境和生态建设发挥新的作用，产生新的贡献。

2.有机整体

村落文化景观是人类与自然在共生与和谐发展中慢慢形成的，是物质文化景观和非物质文化景观的有机结合体，任何试图将其区别来看以致割裂开来的做法，都是不可被接受和采纳的。保护村落文化景观最重要的是实现自然环境与文化传统、物质与非物质、历史与现实的整体保护。

村落文化景观不仅涵盖传统建筑、空间布局等物质文化景观，也包括村民的民俗民风、传统思想等非物质文化景观内容，是包含多种元素在内的统一整体，所有构成要素都与整体有着密不可分的重要联系。保护村落文化景观需要整体的观念，任何一种文化景观都很难替代和代表整体，它们只是有机整体的一部分。在涉及具体村落文化景观保护时，不能只看到和着眼于保护其中某一要素或部分要素，否则会丧失古村落文化景观的整体风貌，形成"文化碎片"，造成文化内容整体性的缺失。因此，需要尽可能地保护所有有价值的物质文化景观。

3.积极动态

古村落文化景观不是固有的、一成不变的，而是在长期历史发展过程中形成的，反映了当地居民的生存方式，显现了民族文化信仰，因此具有持续发展、不断变化的特征。古村落文化景观中仍然有人在居住、生产、生活，是有生命力的、动态的文化遗产，是"活"在人们现实生活中的文化遗产类型。因此，必须采用动态的发展的保护理念，以延续其社会形态和风俗习惯。

保护民族村落文化景观不仅需要保护村落的传统建筑，更要保护和维持村落的经济形态和人们日常的行为方式。村落文化景观的变化是必然的、常态的，这种正常流动的过程正是村落文化景观具有活力和生命力的表现。因此，保护古村落文化景观的初衷并不是维持和保存其现有的生存和自然状态，而是更多地关注了解，进而掌握这些文化景观的动态演变过程。所以，对于古村落文化景观的保护，应该是积极的、动态的和可持续性的，保护并不是使文化景观僵化而停滞不前，而是让它们融入现代生活和文明中，充分发挥它们的功能。

4.以人为本

村落文化景观与当地民众生活密切相关。村落内的文化遗产，如民居、生活生产用具等，尤其是各种非物质文化形态的手工技艺，多属于村民个人所有，不论是保护还是开发，都会涉及村民的切身权益，所以村民才是文化遗产保护的主体。村落文化景观保护和发展必须以人为本，只有突出人在文化遗产整体保护中的重要作用，才能充分发挥他们保护的积极性，村落的自然环境才能得以有效延续和传承。

古村落文化景观可持续发展所倡导和遵循的主体原则是在带给当地民众实际利益的同时，增强他们的家园感和自豪感，增强他们的族群认同意识和传统纽带联系，保持家园与自然和历史传统的和谐状态。唯有重视当地民众的利益诉求，让文化景观在民众生活中自然传承和发展，才能更好地保护文化的灵魂和血脉，村落的文化景观才能有新的活力和生命力。

（二）古村落文化景观可持续发展的要点

1.自然层面上的因地制宜

（1）尊重自然环境。自村落这一古老的聚落形式形成后，其发展就一直遵循其所赖以生存的自然基底的规律和特点。自然环境是古村落文化景观形

成、演变和发展的基础和载体，也是各个地方地域文化景观独特性的根源。古村落在今天的发展中，同样应该尊重自然环境并且合理利用自然资源，而不是以牺牲环境为代价谋发展。不同地域条件的发展应立足本土，使其更好地融入环境中，营造富有地方特色的文化景观。例如，依山傍水的古村落在发展过程中，可以结合村落周边的湖光山色吸引游客；耕地资源充足的古村落可以通过营造农耕景观开办农家乐；地理位置偏僻的古村落可以保持其原生态源远流长。此外，古村落中的古树名木、河道溪流也可以为古村落营造良好的人居环境。

（2）利用地方材料。每个地方都有地方特色材料，这些材料在质地、肌理、形态、色彩等方面蕴含当地的文化特色，当地人对地方材料也有强烈的认同感、归属感和亲切感，在应用过程中彰显出浓郁的地域文化氛围。现代社会科技水平和生产力的发展，使材料的选择变得多样化，不同于古时受到地域限制，古村落的发展只能就近选用地方材料。随着社会的发展，使用地方材料由原来的客观限制性因素转化为人文必要性因素，结合当地传统材料与现代先进技术建设与发展古村落，延续其内在的传统文化内涵，彰显其外在的地域文化形态，是基于地域文化的古村落文化景观可持续发展的时代需求。此外，选用地方材料也能够为古村落在材料生产、运输等方面节约大量成本，使古村落建筑能够在长期发展中更好地适应地方温度、气候等自然条件，更能体现可持续发展的内在要求。

2.人文层面上的传承特色

一方面是地域特色保护。村落这一古老的人类聚居形式，在千百年的发展中形成地域文化，并在不同的地域文化背景下形成不同魅力、各具特色的文化景观。地域文化是创造独具个性魅力的文化景观的来源；特色是生活的反映，有地域分界，是历史的构成，是文化的积淀，是民族的凝结，是一定时间、地点条件下事物最集中、最典型的表现，因此能够引起人们不同的感受、心灵上的共鸣、感情上的陶醉。在古村落的可持续发展中应该避免照搬照抄、重复生产等一成不变的模式，而是应时刻注重地域文化的挖掘和利用，根据当地地域文化特色寻找适合的发展道路，形成独具魅力的特色地域文化景观。

另一方面是地域文化发展。在全球化背景下，古村落地域文化受到外来文化的冲击，需要人们用正确的眼光看待文化的碰撞和交融。如同可持续发展过程，地域文化的形成和演变也是一个动态的过程；地域文化在今天社会的发展中，并不是一个"古董"、一成不变，而是不断和外来文化接触、碰撞、融合、重组，相互影响、相互渗透，与时俱进，形成符合时代发展的新地域文化，为此要求人们以发展的眼光看待传统文化，在继承传统特质基础上，需要和时代精神有机结合，不断吸取先进的文化精髓。

地域文化景观在发展过程中要不断接受新技术、新材料、新功能，跟随时代步伐，满足时代需求，坚持可持续发展。

3.社会层面上的公众参与

（1）提高民众意识。古村落的可持续发展离不开社会各界的支持和维护，需要更多民众参与到实际行动中。因此，古村落文化景观的保护工作需要更多专业学者投入到探索和研究中，引导社会各界认识古村落传统文化价值的重要性，提高政府和相关部门对古村落文化景观的关注热情，并在实践中不断完善、总结和升华理论体系。

古村落文化景观由村落中的人创造并世代传承至今，但就目前形势来看，由于人们认识的局限性以及出于对自身利益的考虑，即使作为文化景观的创造者和拥有者的村民，也不一定能客观积极地对待古村落文化景观的可持续发展。即使有专业学者的理论基础和相关机构的政策导向，但是由于缺乏古村落中村民的实践响应，古村落文化景观的可持续发展也只是意识层面的宣传，而无法达到实际的效果。因此，在发展过程中还应注重与当地村民的沟通交流，统筹兼顾村民和上层建筑的利益，正确培养村民对文化景观保

护的意识。只有相关机构、专业学者、当地居民等在古村落文化景观保护与发展问题上达成共识，相互配合、积极行动，对古村落文化开展的可持续发展措施才能真正落实。

（2）完善政策法规。深入了解文化景观遗产的内涵及其所面临的问题，深层次研究村落文化景观与人类、自然、社会之间的关联，依据保护和发展的相关理论体系和实践基础，建立和制定针对古村落文化景观的专项政策法规体系以及适合各地方地域文化特征的保护政策和法规尤为重要。只有这样，才能保证古村落文化景观的相关工作在严格按照政策指导以及法律规定下进行，使其法制化、规范化、制度化，古村落文化景观的可持续发展才能得到充分保障。

（3）加大资金投入。在古村落发展中，除了要有意识形态作为思想保障，还需要古村落当地各级政府加大资金投入作为经济支撑。这些资金一方面用于古村落文化景观的维护修缮。古村落文化景观在经历了历史变迁和岁月洗礼后，受到不同程度的破坏，尤其是一些公共性质的文化景观，如桥梁、寺庙、道路、广场、河道等，村民往往会忽略对它们的保护，特别需要政府投入维护修缮的费用。另一方面用于宣传古村落文化景观价值，以鼓励和吸引其他个人、企业或者团体为古村落文化可持续发展工作提供资金支持，以便深度发掘与开发文化景观资源用于旅游等形式建设。宣传丰富多彩的历史文化，展现村落优美迷人的文化景观，不仅可以吸引大批游客，促进古村落的经济发展，也能鼓励村民对所拥有的文化景观，如传统建筑进行保护修缮，还能积极引导民间资金的注入，用于保护和发展古村落文化景观，实现资金投入建设和促进经济发展的良性循环。

（三）古村落物质文化景观可持续发展的方法

1.尊重和延续历史空间结构

古村落的空间结构是在漫长的发展过程中，受自然及人文各方面因素影响形成的。各地区的古村落结合地理环境、气候条件、生产生活习惯、价值观念，形成各具特色的空间结构。每个古村落都有属于自己的独一无二的空间结构，这些空间结构不仅表现在街巷的格局、建筑序列的肌理、耕地的布局等外在形态上，也蕴含在深刻的地域文化及传统文化等内在含义里。纵横交错、经纬交织的道路烙下人们的脚印；高低错落、排列有序的传统建筑述说着背后的故事；炊烟轻袅、生机盎然的耕地勾画出田园野趣。因此，古村落的可持续发展，需要尊重其空间结构，结合地域文化特征。在山区的古村落要结合山形水势，顺应其特点，在建设过程中尽可能减少土石方量；在沿海平原地区应顺应水势，结合水系脉络，形成开阔平坦的村落空间。当然，这种延续不是随意模仿和生硬照抄，而是要在深入挖掘和理解古村落文化内涵的基础上进行延续，做到既保存古村落空间结构的外在表现形态，也延续其内在文化含义。只有把形与意相结合，才能让古村落空间结构实现可持续发展。

2.修缮、更新地方传统建筑

传统建筑修缮的目的既是为了保持建筑本身特色，也是为了保存村落的形态特征，更是为了满足居住者生活便捷与舒适的需要，满足可持续发展的需求。所以，修缮时必须坚持积极保护、合理利用、持续发展的原则，充分发挥传统建筑的作用。

阶台修葺应该注意五点：①对残损的地坪进行揭除；②清理旧垫层，重新铺设新垫层；③铺地方砖应尽量使用原有砖料，若需补充，应对新砖予以砍磨，以保证地面光洁、平整，灰缝细密整齐；④用细土或湖沙铺底，按原样顺序铺筑；⑤对于要求稍高的厅堂，地坪方砖铺筑完后在地面涂刷桐油，以提高砖面强度。

屋面维修应该注意：瓦件更换方法与新铺屋面相仿，需要按图施工，顺序揭除，小心堆放。

墙垣修缮应该注意两点：墙体重砌，墙体出现问题可予以重新砌筑，且用料和砌法未必沿用旧法，但需要注意的是，原先墙体所有的旧砖应当得到充分利用；砖细维修，对于构件缺损的砖细，可以重新雕制予以补充，图案线脚须符合设计要求，雕制需遵循传统工艺次序。对于风化的构件，需要采用剔凿挖补的方法。

传统建筑色彩控制应该注意：过去的建筑主要采用自然材料，其固有的色彩在长期使用中形成鲜明的地方特色；现代建筑材料的发展较过去有了更多选择，但为了保持古村落的和谐统一风貌，在修缮时建议使用传统材料，翻建时利用旧料，以使和谐统一得以落实。当然，翻新时允许使用现代材料，优先选用与传统材料相接近的材料，以免修缮后的建筑显得突兀。

传统建筑需要更新。随着村落的发展，很多传统建筑已经不能适用于现代社会，民居因为不能满足居住需求而空置，商铺可能因为生活方式的转变不再繁华，戏台可能因为娱乐方式不同而沉寂。因此，更新传统建筑，使其适应时代变化，对实现可持续发展是非常有效的手段。所以，在此过程中应以保持传统建筑原有历史风貌和维持其自身文化内涵为前提，根据历史文化价值加以取舍，根据传统建筑类型、风貌、空间结构、保存状况等情况而加以确定，将传统建筑和现代需求融为一体，达到传统与发展的和谐统一。

将传统建筑打造为旅游景点，不仅可以保留传统建筑的历史文脉，也有利于村落传统历史、民俗思想、地域文化的传承与传播、继承与发扬；也可以将其改造为博物馆、展览馆、纪念馆、陈列馆等形式，在场馆中设置民俗场景（如会宾客、婚嫁、祭祀等重大节日庆典）展示、传统生活用品展示、陈列关于该传统建筑的文字与图片介绍、摄影作品等；还可以将传统建筑改造为农家乐形式，为游客提供体验村落田园生活的场地。

在旅游发展环境下，处于繁华地段的传统建筑还可以改造为茶室、酒吧、艺术工作室等，开设特色美食店、传统手工艺店、特色精品店、周边农产品店等，若是位于著名景点周边或是处于历史街区内部的大型传统建筑，则可更新为旅馆，既可创造经济效益，也维持了村落的历史文化氛围。

在尺度方面，可将传统建筑内原有零碎的空间组合在一起，形成大的完整空间，也可以在较大的空间内加入新构件、新元素，如采用博古架、木雕窗、木照壁等划分空间，重新组织内部空间关系，以适应村民的生活要求或者游客的游览方式。在进行空间划分和组合时，应注重空间氛围的营造，在材料选择上应与室内环境相协调；在舒适性方面，可以针对采光、通风、内部装饰等进行更新，如加大开窗的尺寸和数量，拆除室内空间多余的隔断等。

3.保留并利用原始道路系统

道路系统是支撑古村落结构形态的骨架，不仅是构成其格局肌理的重要元素之一，更是人们在古村落中的主要交通路线。道路作为骨架结构和交通的枢纽，它的保护和延续对古村落文化景观可持续发展具有至关重要的作用。

对古村落道路系统的保护有四种方法：①保留原有道路。街是古村落中的主要交通干道，在道路系统中属于相对较宽的通道，沿街两边的商业建筑居多，使得街道上人来人往，比较热闹，也比较嘈杂。巷是村落中的辅助交通道路，如同树干的分枝，连接主干道，向各个方向延伸。巷一般是入户的通道，富有转折和变化，显得深远悠长、曲折幽静。我们需要保存街巷构成的道路网络，以满足古村落中居民的交通需求。②保持空间尺度。保持原有道路由闹到静、由开到合、由明到暗、由宽到窄的视觉感受和空间序列，新规划增设的街巷必须满足交通要求，并与两侧建筑高度形成舒适的比例。③沿街立面整饬。道路两侧培植地方树种以美化交通空间，沿街的建筑立面有破损的门窗或者颓塌的院墙，按照原本风貌，采用当地原始材料进行修复。④道路铺面修复。传统街巷铺地采用块石或卵石，新增设的道路也可采用块石铺砌。

4.修复并重建本土公共建设

古村落的公共建设主要包括公共广场、桥梁、古井、牌坊、水利设施、墓地、码头、古道等村民共同使用的构筑物，它们与村民的日常生活密切联系，是体现村落居民生产生活方式的特色文化景观。

广场是村民交往、交流的主要区域，为村民交往活动提供场所，能够增进彼此之间的感情，增强整个村落的凝聚力，有利于古村落的和谐发展。因此，建设中应当重视村民之间的邻里互动，为古村落居民提供良好的交往空间，引导和促进村民之间的相互关系，使之呈现出和谐景象。水井、码头、谷仓、古道等特色历史文化景观要素，可能在现代生活方式下已经不再使用，失去其使用功能，但仍然承担特定环境中的文化功能。因此，保护和修复历史文化要素，让它们与记载几千年的传统生活方式一起流传下去尤为重要。

牌坊、碑刻等标志性的文化景观要素是重要的村落文化意识形态载体，应当坚持其原真性，严格按照历史形态和风貌，修复在岁月洗礼中缺失、损坏的部分，重建在历史变迁中已经消失但有迹可循的部分，这是古村落文化景观可持续发展的必要条件。

5.保护并优化当地环境风貌

保护自然风貌。古村落是镶嵌在自然大地上的一颗颗明珠。自定居生活开始，人类对居住场所的选择，随着人们对周围自然以及生存关系理解的逐渐加深，古村落一般都有意识地选择建设在自然生态环境良好的地方。

首先，在古村落建设中要处理城市发展、生态环境、农业景观和人居环境之间的协调关系。保护和孕育多样化的乡土生态系统，维护山体、河流、湖泊、树林等景观资源的自然形态，建立景观生态网络；减少乡村工业生产，处理好污染、废弃物的投放；营造良好的文化氛围，提倡当地民众自觉加入保护生态环境的行列中。其次，保护不是为了保护而保护，而是通过保护达到合理利用的目的。在村落发展中也需要充分利用这些宝贵的自然景观资源，改善村落的人居环境，创造有别于城市的空气清新、环境优美、绿色生态的良好生活环境。最后，自然景观资源的发展也是开发观光旅游、休闲度假等的前提和基础。

优化村落环境。在古村落内部环境优化中，应当注重小块绿地。通过小块绿地的整合，构成古村落人居环境的斑块系统。在古村落住宅的庭院中，可以在房前屋后栽种果树；根据不同的环境条件，可种植观赏性好、具有较强生态环保与生理保健功能的地域植物。随着农民经济能力和对生活水平要求的提高，在古村落中规划建设小型的公共绿地也十分必要。对此，可利用现有的河流、苗圃、果园、小片林等原有自然条件建设小型公共绿地，并配置花草树木和休憩座椅，为村民创造景色怡人的休闲场所。

古村落人居环境的优化，还要重视对古村落中原有山体、河流、水塘、小溪、树木等自然环境资源的利用，综合采用多种绿化手段，结合古村落赖以生存的自然景观资源，完善绿化系统，建设以自然风光为主调，突出古村落特色、地方特色和民族特色的古村落环境。只有古村落自然环境和内部环境有机结合、和谐共生，古村落的环境风貌才能可持续发展。

6.发掘并营造特色农耕景观

农耕文化是古村落文化中最核心的组成部分，是人们在满足基本生存需求下形成的，代表一个地方的农业生产方式，也体现这个地方的农耕特点。在不同的地域文化下，形成不同的农业生产模式，并形成与之相应的生产生活习俗，更产生了形形色色、林林总总的农耕文化景观。如田野中春之麦苗、漫山遍野的油菜花，夏之荷、稻，秋之荞、葵，炊烟袅袅，闲云舒卷；水车灌溉、围湖造田、鱼鹰捕鱼、采藕摘茶等农事活动，无一不充满浓郁的乡土气息，勾画一幅幅田园韵味极浓的农耕画面，向人传达和谐、安宁和悠

闲自乐的田园牧歌式的生活情趣。

城市不断发展，空气污染、环境嘈杂、生活节奏太快等问题随之出现，来自生活和环境的双重压力，使得城市居民开始憧憬村落空气清新、宁静悠远的生活环境，向往古村落中和谐安宁、悠闲自乐的农业文化景观。因此，可以充分利用古村落中丰富的农业资源，形成各具特色的农耕景观，这也是古村落文化景观可持续发展的一种方式。由原有的农作物、园艺作物、花卉、绿化树种等营造的农耕景观，可以让游客感受和领略淳朴的田园风光，并为游客提供参与体验采摘新鲜水果、蔬菜、茶叶等收获活动的机会，使其在感受农耕景观魅力的同时，也能体验农业生产的乐趣。还可以鼓励村民开办"品尝农家菜"的活动，让游客消费品尝，体验淳厚的民俗风情，感受原汁原味的农家风味。同时还要为游客提供展示农业生产方式的科普活动场所，发展以观赏、生态、休闲、参与、体验等为主要特征的农耕景观。

第八章　中日古村落文化遗产开发比较

文化遗产既是世界性的学术主题，也是当代中国的重大课题。乡村社会作为一个资源载体，对古村落文化遗产进行保护，是实现乡村振兴、文化传承、旅游开发的基础。本章将探讨中日古村落的保护与思考、古村落的遗产旅游开发。

第一节　中日古村落的保护与思考

一、树立保护优先的保护理念

日本开展的古村落保护活动给我们的启示是要想保护古村落，必须具有保护优先的正确认识。历史文化遗产是祖先留给后人的宝贵财富，应当坚决保护。古村落所承载的历史文化价值、科学价值、艺术价值、经济价值等已经到了必须受到充分保护的时候，保护文化遗产是一种历史责任，必须树立紧迫的危机意识。①

二、以发展推动古村落的有效保护

历史城市的动态性场所，可以看作是一代代人长期建设创造的结果，并将持续下去。永续的利用有助于维系过去、现在和将来的连续性，传统在这

---

① 殷炜达，骆畅.中日传统村落保护状况比较与思考[J].旅游规划与设计，2015（03）：108-117.

样的持续利用中得到延续。这样的演变是正常的，并构成了遗产本质特征。日本之所以坚持不懈地开展40多年的古村落保护活动，在全国保护大批的传统建造物群，正是他们按照这种理念实践的结果。

从日本的经验可以看出，古村落除了具有历史文化价值、科学价值、艺术价值外，还具有经济价值。历史文化遗产本身也是发展旅游业的重要资源，如果合理利用，历史文化遗产也能给社会带来巨大的经济利益。日本并不是完全依赖政府全额拨款进行古村落的保护，除了获得一定比例的补助资金外，更主要的是地方团体自有资金的投放。

三、树立整体保护的观念

日本的"传统建造物群""传统建造物群保存地区"和"重要传统建造物群保存地区"保护制度，最大的特点是强调保护工作要从整体上进行。只有按照整体保护的理念，才能最大限度地保护传统建筑群及其周围环境，从而达到保护的目的。

村落是一个相对完整的社会，是人们进行生产、生活的独立场所，其社会功能、生产生活功能每天都在运行，日复一日延续并扩展遗产的内涵。因此，只有整体地保护传统村落，才能达到完整保护的效果。当然，传统村落是一个生活社区，村民有提高生活水平、改善居住条件的现实需求。因此，在整体保护村落的同时需要兼顾其发展，兼顾对村民实际诉求的考量，允许在整体保护理念下对最具特色的地段进行重点保护。

第二节　古村落的遗产旅游开发

一、古村落应对旅游压力的措施

一方面，古村落现有的法规和开发规划，在一定程度上协调了村民、游客和政府之间的复杂关系。例如，安徽省文物局专门制定《安徽省皖南古民居保护条例》，对属于私产的西递、宏村的古建筑类文物严加保护，禁止私自改建和扩建。为了规范村民的经营行为，景区管委会严格限制参观景点的售货摊位数量。此外，景区管委会还从门票收入中抽出一部分，依据人口、民居面积及对村落的保护程度，分配给各家各户作为补偿。

另一方面，减少古村落的环境压力，千米外建设新城。这符合世界教科文组织关于世界遗产的保护规定，即世界遗产千米之内禁止有新建筑。扩大村镇的旅游基础设施，可以提高设施承载量，有助于保护古村落建筑，但并不能从根本上解决旅游对当地社会文化负面影响的加剧问题。从对游客进行管理的角度看，对知名参观点的游客数量和游客行为有必要做出限制。如对一个时间段内进入一个参观点的游客数量控制在不拥挤的水平上；游客参观前应对当地文化有足够认识，尊重当地文化传统，也是缓解旅游对古村落社会文化产生负面影响的重要途径。[1]

二、古村落旅游开发的基本原则

作为世界遗产的古村落，其有形和无形的文化遗存保留，面临当代文化旅游浪潮兴起的冲击，也经受着村民自身生活方式演变的考验，给古村落文化旅游可持续发展增加了难度。对此，如何科学、可持续地推广古村落旅游是需要认真思考的现实问题。

在发展古村落旅游的众多案例中，有很多宝贵经验，可作为我国发展古村落文化旅游具有普遍指导意义的政策依据。概括起来，这些原则具体如下：

第一，鼓励公众参与的原则。发挥"演述"历史作用的遗产资源应该向公众开放。东道主社区（如古村落）和游客应以平等和可负担方式理解遗产

---

①殷炜达，骆畅.中日传统村落保护状况比较与思考[J].旅游规划与设计，2015（03）：108-117.

的重要价值；有关计划应展现少数民族等东道主社区传统文化的多样性；东道主社区居民应参与遗产资源开发目标和政策的制定；当地文化传统、信仰和知识要受到尊重。

第二，确保带给游客有价值经历的原则。在旅游目的地管理方面，提供高质量的信息，开设对环境影响较小的特殊交通线路，在不破坏旅游地显著特征和生态特点的基础上，提供恰当、安全、舒适的旅游设施。

第三，为东道主社区提供利益的原则。决策者应公正分配旅游利润。通过教育、培训为当地居民创造就业机会；旅游收入的一部分应用于古迹场所的保护、修缮和展示工作；鼓励培训和雇佣来自当地社区的导游、讲解员，提高当地人解释其文化价值的技能。

第四，系统管理原则。国际古迹遗址理事会认为遗产地与旅游业之间存在系统、动态的关系，应妥善处理系统要素之间的关系。《国际文化旅游宪章》就此原则提出多方面的具体指导意见，主要包括旅游活动要减少对遗产和东道主社区生活方式的不良影响；旅游地的经营管理应预先评估资源的自然和文化价值；旅游开发计划要为可接受的变化确立恰当的限度，尤其要注意游客数量等因素对旅游地的有形特征、完整性、生态多样性、当地交通系统和社区稳定发展的影响；重视保留历史遗迹和收藏的真实性；旅游开发项目应该考虑美学效果、自然和文化景观、生态多样性和遗产场所更广泛的视觉背景；修缮建筑物应该优先使用当地材料，考虑当地的建筑风格及当地语言传统。

处理并调整乡村文化旅游活动中政府、社区、旅游经营商和游客之间的动态关系，对于世界遗产中的古村落旅游开发决策以及避免旅游活动对古村落带来社会文化负面影响具有重要的指导意义。

世界遗产中的古村落是全人类共同的财富，旅游活动对其生态和社会环境的影响，必须要控制在合理的限度内。古村落是传统文化遗产的特定载体，当地居民需要深度参与旅游经营活动，公平获得旅游收入，参与方式力

求灵活多样。我国古村落旅游在旅游产品设计上应学习日本相关经验，增加体验型的项目种类，丰富产品类型并延长游客停留的时间。遗产地的政府在鼓励公众参与意识、发掘和保护古村落文化遗产资源，特别是鼓励再现和演示无形文化传统上，需要有更大作为，只有这样，才能实现古村落旅游的可持续发展。

结 束 语

古村落是中国古代基层居民的生活中心，充满了先民生活的痕迹。散落在中国大地上的古村落犹如一颗颗璀璨的文化明珠。这些古村落往往选址在山清水秀的自然环境中，既有江南村镇的"小桥流水人家"，又有皖南山区的粉墙黛瓦、牌楼戏台；既有"山深人不知"的桃花源式村落，又有依山就势、鳞次栉比的黄土高原窑洞村落。亲历这些古村落，会让人立时进入一个久远的时空，不仅能够让人欣赏如画般的自然风光，还能够体验古人的生活环境、探寻乡村的历史文化。因此，中国古村落是一种典型的文化生态型聚落，是中国乡土文化活的载体。

对中国古村落进行研究，可以为今天的人居环境学和人居文化学提供范例。中国古村落在选址、布局、规划建设中表现出来的出世与归隐的人格理想，重视自然山水的情操熏陶，充满诗情画意的审美意识，长幼有序、重于沟通的意识等，对今天的人居文化学研究大有启迪。

虽然古村落离我们现代文明日渐遥远，但是古村落孕育的文化精神和人格理想却与现代人心灵相通。许多古村落的创始人在创造古村落之初，往往寄情山水，希望避居于偏远，在青山绿水中求得一份心灵的安宁与超脱。今天，人类的物质需求在越来越多地被满足的同时，仍然需要超脱的文化精神和人格理想，需要宁静致远的精神境界和与自然山水亲近的心态。

参考文献

[1] 白佩芳.晋中传统村落信仰文化空间研究[D].西安：西安建筑科技大学，
2014.

[2] 曹国新.文化古村落：一类重要而特殊的旅游资源[J].江西社会科学，2003
（9）：202-205.

[3] 陈丹华，陈琦昌.浅谈徽州古村落水文化[J].美术大观，2008（01）：174.

[4] 陈小春.我国古村落文化旅游研究综述及发展趋势[J].旅游研究，2015，7
（02）：7-12.

[5] 程浩.古村落景观保护与旅游开发分析[J].新闻研究导刊，2019，10（09）：
222-223.

[6] 仇保兴.中国古村落的价值、保护与发展对策[J].住宅产业，2017（12）：
8-14.

[7] 郭冬梅.近代日本地方自治视角下的共同体与共同体论[J].东北师大学报（哲
学社会科学版），2017（05）：103-109.

[8] 河野通博.日本历史地理学家略论：以京都历史地理学的发展为中心[J].中国
历史地理论丛，1988（03）：5-31.

[9] 黄学军.古村落传统文化遗产的数字化保护与传承[J].人民论坛，2020
（08）：140-141.

[10] 季芳芳.历史记忆的再现政治：电视纪录片的"古村落"叙事分析[J].现代传

播，2015，37（11）：119-123.

[11] 姜道章.日本历史地理学研究述评[J].中国历史地理论丛，2001（03）：100-122，129.

[12] 姜俏梅，杨汀.日本：古建筑防火面面观[J].决策探索（上），2019（05）：81.

[13] 李诚.可持续发展视角下的古村落文化保护策略探讨[J].才智，2014（32）：337.

[14] 李亮，谈明洪.日本町村聚落演变特征分析[J].中国科学院大学学报，2020，37（06）：767-774.

[15] 李霄鹤，兰思仁，余韵.古村落文化遗产及其保护性旅游开发研究[J].怀化学院学报，2015，34（07）：19-22.

[16] 李卓.日本古代的访妻婚及其存在的原因[J].日本学刊，1994（02）：95-107.

[17] 林丽明.对日本古代"访妻婚"的考察[J].西北工业大学学报（社会科学版），2012，32（04）：97-98，110.

[18] 刘沛林.古村落文化景观的基因表达与景观识别[J].衡阳师范学院学报（社会科学），2003（04）：1-8.

[19] 刘逸，黄凯旋，保继刚，等.嵌入性对古村落旅游地经济可持续发展的影响机制研究：以西递、宏村为例[J].地理科学，2020，40（1）：128-136.

[20] 卢捷.日本古代"访妻婚"与中国摩梭人的"走婚"的比较研究[D].南宁：广西大学，2013：9-34.

[21] 马莉娟，蔡鲲鹏.旅游视域下古村落文化研究综述[J].旅游纵览（下半月），2020（10）：88-90.

[22] 米丽萍，米丽英.从《小仓百人一首》恋歌看日本古代"访妻婚"[J].韶关学

院学报, 2016, 37 (11): 40-44.

[23] 牛丹丹.古村落景观保护与旅游开发研究[D].咸阳: 西北农林科技大学, 2012: 12-23.

[24] 秦旭升.徽州古村落 "水口" 营建理念及其现代借鉴研究[D].合肥: 安徽建筑大学, 2015: 10-41.

[25] 任俊英, 吴江.我国古村落旅游研究进展[J].安徽农业科学, 2010, 38 (19): 10292-10295.

[26] 施梦嘉.日本建筑文化发展中的灵活性和独创性: 以中日两国古都规划和布局的相异之处为例[J].浙江社会科学, 2005 (02): 167-170, 166.

[27] 石会.地域文化背景下古村落文化景观可持续发展研究[D].苏州: 苏州科技学院, 2015: 21-28.

[28] 市川健夫, 张文尝.日本的农业用地整治与农业生产[J].国外人文地理, 1986 (02): 81-83, 80.

[29] 王晖.日本古都城条坊制度的演变[J].国际城市规划, 2007 (01): 77-83.

[30] 王京.日本一村落的 "奇祭" 与民俗传承体的个性: 兼及文字资料对于民俗社会及研究者的意义[J].内蒙古师范大学学报 (哲学社会科学版), 2016, 45 (04): 16-22, 34.

[31] 王思渝.整体性视野中的考古遗址保护与利用: 以日本奈良县明日香村为例[J].四川文物, 2019 (04): 90-96.

[32] 王婷.徽州古村落的水口文化研究[D].合肥: 安徽大学, 2014: 21-31.

[33] 王秀文, 徐晓光.日本村落社会组织及其传统特征: 兼谈村落文化传统对现代日本社会的影响[J].日本学刊, 1991 (03): 98-109.

[34] 吴凌鸥.日本传统村落的节庆开发研究: 以白川乡为例[J].活力, 2018, 000 (022): 58, 60.

[35] 吴晓路.浙江诸暨斯宅古村落文化遗产研究[D].桂林：广西师范大学，2014：7-43.

[36] 向妮嫔.社会转型期的村落文化变迁研究[D].吉首：吉首大学，2015：22-31.

[37] 谢浩.传承古村落文化促进可持续发展[J].混凝土世界，2011（07）：82-86.

[38] 徐超."古村落"建筑与文化的传承与发展[J].建筑结构，2020，50（22）：157-158.

[39] 徐宏.基于文化基因传承的中日古建夜景照明比较研究[J].美与时代（上），2018（12）：83-86.

[40] 薛雅明.访妻婚——日本古代婚俗漫笔[J].日语知识，2003（10）：32-33.

[41] 殷炜达，骆畅.中日传统村落保护状况比较与思考[J].旅游规划与设计，2015（03）：108-117.

[42] 袁同凯，房静静.空间文化与博物馆：古村落历史记忆建构逻辑——以山东雄崖所村为例[J].河北学刊，2018，38（5）：169-174.

[43] 翟泽华，邵秀英，邬超.国内古村落旅游研究热点与展望[J].生产力研究，2020（2）：153-156.

[44] 张仙玉.培田古村落文化遗产的保护与可持续发展[J].中国民族博览，2019（16）：213-214，217.

[45] 张暄.日本传统村落文化与现代日本社会[J].东方企业文化，2007（11）：124-125.

[46] 张永涛.日本的"奇祭"[J].日语知识，2007（09）：35-36.

[47] 张玉柱.苏州古村落群吴文化保护与利用研究[D].苏州：苏州科技大学，2014：39-73.

[48] 郑家鑫.豫南类徽派古村落保护与旅游开发研究[J].美与时代（城市版），

2018（08）：87-88.

[49] 朱武顺.古村落景观保护与旅游开发研究[J].中华民居（下旬刊），2013
（08）：47-48.

[50] 朱毅峰.古村落教育习俗的文化内涵与当代价值[J].当代教育与文化，2019，
11（4）：7-12.